KB126428

선진철학에서
개인주의의
재구성

先秦哲學

선진철학에서
개인주의의
재구성

고은강 지음

個人
主義

再構成

『순자』에서 『논형』까지,
개인의, 개인에 의한, 개인을 위한 철학

上品
미上

● 차례 ●

일러두기

이 책의 한자(漢字) 병기는 아래와 같이 적용했다.

먼저 한자는 처음 나올 때에 한글로 발음을 적은 다음 괄호로 묶어 표기하고 그다음부터는 생략했다.
그러나 동음이의어가 연달아 나오거나 의미 구분이 명확하지 않을 때에는 한글(한자)로 계속
표기했다. 또한 책 제목 속의 한자나 의(義), 인(仁), 심(心)과 같은 기본적인 한자의 경우 한글로 먼저
적지 않은 것도 있다.

1

왜 '개인주의'인가

이 책은 독립된 네 편의 미발표 논문을 모은 것으로, 고대 동아시아 사상을 형성하는 문헌들에 나타난 개인주의를 살펴보는 기획이다. 이 책에 실린 네 편의 논문은 필자가 2010년부터 진행해온 개인주의 관련 연구의 일부다. 1장은 본문에 해당하는 네 편의 논문에 대한 선행 연구를 요약하여 이 책의 연구 맥락을 밝히는 장이다. 각 장의 제목은 2장 '『순자(荀子)』의 욕망론에 대한 개인주의적 접근', 3장 '선진(先秦)철학에서 利 중심 인성론에 대한 소고—『관자(管子)』, 『상군서(商君書)』를 중심으로', 4장 '선진철학에서 개인주의에 관한 소고—『열자(列子)』「양주(楊朱)」를 중심으로', 5장 '운과 평등 그리고 도덕에 관하여―『논형』을 중심으로'이다. 2장은 개인주의와 관련된 이제까지의 연구를 욕망론의 관점에서 재조명한 연구다. 3장과 4장은 연구대상을 『관자』, 『상군서』, 『열자』 등 선진철학의 주변부 및 선진철학 이후의 문헌으로 확장하려는 시도다. 4장은 이 책의 기획의도가 그대로 반영된 연구다. 연구가 현재진행형이기에 총 5장으로 구성된 이 책의 결론에 해당하는 장은 없다.

2008년 동양철학이라 불리는 동아시아 전통사상에 관한 연구로 박사학위를 받은 후, 필자가 지난 십 년간 쓴 논문들은 직·간접적으로 개인주의와 관련되어 있다. 제목에 '개인', '자유', '평등'이 포함된 논문들이 특히 그러하다. 서론에 해당하는 1장에서는 학술지에 논문 형식으로 발표한 기존의 연구들을 요약·정리한다. 동아시아의 사상적 전통을 개인주의라는 관점에서 재해석하고자 하는 시도에 내재한 문제의식은 2010년에 발표한 논문에서 이미 밝혔다. 이러한 문제의식은 이후의 연구를 통해 조금씩 구체화되고 있다.

기존의 연구들과 이 책에 실린 연구들을 연결하여, 비서구 전통에 속하는 동아시아 고대사상에 '개인주의적 재구성'이라는 제목으로 문제제기를 하는 것이 이 책의 목적이다. 이미 학술지에 발표한 연구들은 이 책에 싣지 않았다. 도서관 데이터베이스 등을 통해 무료로 쉽게 구할 수 있는 글을 굳이 책으로 인쇄할 필요는 없기 때문이다. 관련이 있는 부분에 한하여 1장에서 간략하게 소개할 것이다. 본문에 해당하는 2장부터 5장까지는 각각 개별적이고 독립된 연구다. '개인주의의 재구성'이라는 연구주제는 아직 진행 중이며 그와 관련된 최근 작업들을 이 책으로 묶었다. 상당 기간 동안 산발적으로 발표한 연구들을 하나의 맥락으로 정리하여 반성할 필요가 있었기 때문이다. 특히 이후의 연구를 위해 '개인주의의 재구성'이라는 주제를 명확히 할 시점이기도 했다.

2010년 12월 『태동고전연구』에 발표한 「중국철학에서 개인주의에 관한 일고찰―先秦 철학에 나타난 정치공동체와 개인」은 개인주의와 관련된 첫 논문이자 '개인주의'라는 용어를 제목으로 내세운 유일한 논문이다. 논문에 첨부된 요약문을 일부 소개하면 다음과 같다.

본 연구는 선진철학에 나타난 정치공동체와 개인에 초점을 맞추어 개인이 경험하는 정치공동체를 고찰해봄으로써 '중국 고대'의 정치공동체와 개인, 동아시아 고대의 맥락에서 전체와 개체의 문제에 접근하였다. 기존의 연구가 '동아시아 고대'의 정치질서에 초점을 맞추고 있다면, 본 연구는 기존 연구를 바탕으로 그 위에 개인을 부각하는 방향으로 전개되었다. 본 연구에서 '개인(individual)' 혹은 '개인주의(individualism)'란 소위 서구 근대성의 전유물로서의 '개인', '개인주의'는 아니다. 본 연구는 '개인', '개인성', '개인주의'가 사회적 역사적 맥락에 따라 다양하게 정의될 수 있다는 전제하에서 출발하였다. '개인'을 서구 근대성의 전유물로 한정하여 동아시아 사회에 '개인'은 존재하지 않으며 동아시아 사회의 맥락에서는 '동아시아적 자아' 혹은 관계 속의 인간을 강조하는 사회적 인간으로서의 '사람(person)'이 '개인'을 대신한다고 보는 관점은 동아시아의 특수성을 지나치게 강조한 측면이 있다.

첫 논문의 제목에서 밝힌 '중국철학에서 개인주의'라는 주제는 개인주의의 보편성을 동아시아 전통사상에서 확인하는 작업이다. 같은 주제로 출간되는 이 책은 각각의 사상적 전통에 따라 다양한 개인, 개인성, 개인주의 개념들이 존재할 수 있다는 '복수의 개인성(multiple individuality)'에 기반을 두고 있다.[1] 소위 서구의 전유물이라고 하는 개인, 개인성, 개인주의조차도 사상가에 따라 간과할 수 없는 차이를 보인다. 홉스의 개인성을 루소의 개인성과 묶어서 '서구의 개인성'으로 부를 수 있는 경우가 홉스의 개인성과 한비자의 개인성을 묶어서 '적대하는 개인성', 루소의 개인성과 맹자의 개인성을 묶어서 '연대하는 개인성'으로 부를 수 있는 경우보다 더 절대적이고 필연적일 이유가 있는가? '서구 대 비서구'와 관련된 논쟁을 살펴보면 대개 공허하다. 특정 전통, 특정 시대의 개별 문헌 수준에서 연구가 축적되어 이를 구체적인 근거로 언급하며 벌이는 논쟁이 아니라 그저 개념 수준에서 서로 논박하기 때문이다. 학계 차원에서도 그러하지만 개별 연구자의 차원에서도 마찬가지다. 연구가 축적되지 않은 연구자의 주장은 공허할 수밖에 없기에 '중국철학에서 개인주의'라는 거창한 제목에 비해 내용은 그지없이 빈약하다.

2011년 12월 『인문논총』에 실린 「선진(先秦) 유학에서 '윤리적 존재(ethical being)로서 개인'에 관한 일고찰」 역시 선진철학 문헌에서 '개인'을 개념화하려는 시도다. 2010년의 논문에 비하여 좀 더 구체적인 문제제기가 보인다. 논문에 첨부된 요약문은 다음과 같다.

본 논문은 선진 유학의 주요 문헌에 나타난 '개인(individual)'의 개념에 대한 기초적 탐색이다. '개인'에 관해 어떤 개념 정의를 사용하여 어떤 텍스트를 중심으로 접근하는가에 따라 다양한 고찰이 가능하지만, 본 논문에서는 푸코 철학에서 제시된 '윤리적 존재'로서 개인에 초점을 맞추었다. 선진 유학의 주요 문헌에 나타난 '개인'의 개념에서 본 논문이 주목하는 바는 '자기 실천(practice of the self)을 통한 자기 형성(self-formation)'이다. 『논어(論語)』, 『맹자(孟子)』, 『순자(荀子)』에 나타난 자기 형성의 주체로서 개인은 자신을 끊임없이 성찰하고 자신의 행동을 개선함으로써 자기 형성 과정을 책임지는 '윤리적 존재'다.[2]

푸코의 윤리 개념을 적용하여 선진 유가 문헌을 분석한 논문은 다음과 같은 문제의식에서 출발하였다.

본 논문은 선진(先秦) 유가철학의 주요 문헌에 나타난 '개인'의 개념에 대한 기초적 탐색이다. '동아시아적 인간은 오직 관계 속에서 정의되므로 동아시아 사회의 맥락에서 '개인'은 존재하지 않는다'는 통념[3]은 오리엔탈리즘과 역-오리엔탈리즘[4]의 합작품으로 현재까지도 영향력을 발휘하고 있다. 본 논문은 '오직 관계 속에서만 정의되는 동아시아적 인간'에 대한 통념이 더 이상 '서구'로부터 '동양'을 구분하는 '차이'가 될 수 없다는 문제의식에서 출발하여, 오히려 윤리적 존재로서 인간이란 서양철학에서 역시 '오직 관계 속에서만 정의되는 인간'이라는 푸코의 주장을 검토하였다. 동서양 철학 전통의 차이와 무관하게 '개인'을 '윤리적 주체'로서 정의할 때, '관계로부터 자유로운' 혹은 '관계 이전의' 개인이란 적어도 윤리학의 차원에서는 상당 부분 의미를 상실한다. 특히 개인의 정체성이 구성된다고 보는 구성주의(constructivism) 관점에서는 더욱 그러하다. 구성주의 관점에서 개인은 사회 속에서 다양한 실천을 통해 자신을 구성해가는 주체다. 본 논문은 오리엔탈리즘과의 연관선상에서 형성되었던 통념들에 대한 재검토라는 현행 인문사회과학 연구경향과 맥락을 같이하여, 소위 '동양철학에서 개인의 부재'를 재검토하고자 한다.

'서양'과 구별되는 '동아시아 사회'에 주목하는 학자들은 동아시아 사회의 관계중심적 사고의 근원에 유교가 자리하고 있다고 지목하는 경향이 있다. '차이'에 주목하다 보면, 동아시아 전통 사회질서가 유교에 의해 구성되었다는 점에 착안하여, '유교의 사회질서는 독립적인 개인이 중심이 된 질서가 아니라 하위에서 상위로 중첩된 사회[5]가 중심이 된 질서이므로, 유교에 기반을 둔 동아시아 전통 사회에서 '개인'은 존재하지 않으며 다른 사람과의 관계 속에 존재하는 사람(person)만이 존재한다'[6]는 주장에 이르게 된다. 이러한 이분법은 동아시아의 근대화기에는 소위 가족 등의 공동체, 전통 등에 기반을 둔 '동아시아적 질서'를 동아시아 근대화의 장애물로 인식하고 '서구'를 동아시아의 미래로 인식하는 방식으로 드러났다. 근대화론이 비판받는 현재에도 '동아시아적 질서'가 '서구'의 질서와 양립 가능하다[7]거나 혹은 더 나아가 '동양' 혹은 '동아시아'가 위기를 맞은 '서구', 현대 문명에 대한 대안[8]이라는 주장의 저변에는 여전히 이분법적 인식이 자리하고 있다.

본 논문은 이러한 논의가 단순한 구호 이상의 의미를 갖기 위해서는 동양철학의 다양한 맥락 속에서 '개인'을 다각도로 고찰하는 시도가 선행되어야 한다[9]는 반성에 기초한다. 본 논문은 이러한 시도의 출발점으로서, 동아시아 전통사상의 토대가 되는 중국철학의 초기 문헌, 특히 선진 유가철학의 텍스트에 나타난 '윤리적 주체'로서 '개인'을 살펴보고자 한다. 본 논문이 선진 유가철학에 초점을 맞추는 이유는 '아시아적 가치'[10]를 비롯한 관계 중심의 '사람됨'과 관련된 주장에 주요 논거를 제공한 신유가(neo-confucianism) 철학이 『논어』, 『맹자』의 재해석에 근거를 두고 있기 때문이다.[11]

이러한 문제의식은 『맹자』의 '무항산(無恒產)' 개념에 초점을 맞춘 논문에서도 찾을 수 있다. 다음은 2011년 『철학탐구』에 발표한 「선진(先秦) 유가철학에서 위험사회론」의 요약이다.

본 연구는 맹자 '무항산'을 중심으로 위험사회론을 고찰함으로써 소위 포스트모던적 상황에 대한 해법을 선진 유가철학의 맥락에서 모색하고자 한 시도다. '액체 근대'로 이루어진 '위험사회' 속에서 '호모 사케르'로서 살아가는 개인의 불안은 선진 유가철학의 관점에서 본다면 항산(恒產)이 부재하는 시대에 개인이 경험하는 무항심(無恒心)의 상태라 할 수 있다. 일정한 생업이 부재하는 시대에 항심을 유지하는 방법은 두 가지로 집약된다. 첫째, 『논어』, 『맹자』에서 말하듯, 士의 자질을 갖추는 것이다. 다시 말해서, 무항산의 상태에서도 타인의 인정(認定)에 매달리지 말고 자기 자신으로 돌아가(反求諸己) 자신을 지키는 방법이다. 둘째, 가족, 마을 등 공동체의 복원이 하나의 실마리가 될 수 있다. 타인의 인정에 매달리지 않는 士가 될 수 없다면 개인은 결국 타인의 인정에 의존하여 정체성을 보장받을 수밖에 없다. 그러나 이 두 가지는 개인이 경험하는 무항심에 대한 근본적인 대책은 되기 어렵다. 항산이 부재하는 시대에 개인이 경험하는 무항심의 상태에 대한 근본적인 대책은 『맹자』에서 일관되게 강조하는 인정(仁政)이다. 다시 말해서, 백성에게 항산을 주는 정책이다.

이 논문에서 언급한 "무항산의 상태에서도 타인의 인정에 매달리지 말고 자기 자신으로 돌아가 자신을 지키는 방법"과 "타인의 인정에 의존하여 정체성을 보장받"는 인정 투쟁의 구분으로부터 루소의 자기애(amour-de-soi)와 자기편애(amour-propre)의 구분을 떠올리게 된다. 위의 논문에서 미처 언급하지 못한 루소의 구분은 여러 해 뒤 다른 연구의 문제의식이 되었다.

제목에 '개인'이 포함된 논문은 위에 소개한 두 편에 불과하다. 그 외 제목에 '자유'가 포함된 논문들 역시 개인성에 대한 관심의 연장인데, 그중에는 '서구'의 자유 개념을 선진철학 문헌에 적용하여 분석한 논문이 있다. 2014년 『철학논집』에 발표한 「禮와 비지배의 자유에 관한 일고찰」인데, 이것은 필립 페팃(Philip Pettit)의 비지배(non-domination) 개념을 『예기(禮記)』, 『의례(儀禮)』에 적용한 논문이며 2016년 『인문논총』에 실린 「소요유(逍遙遊)의 자유에 대한 소고」는 이사야 벌린의 자유 개념에 비추어 『장자』의 「소요유」를 분석한 논문이다.

「禮와 비지배의 자유에 관한 일고찰」에서는 '비지배'라는 개념으로 『예기』, 『의례』에 나타난 禮의 구체적 실천을 분석하여, 예는 개인의 자유를 보장하는 제도라는 결론을 도출하였다. 예와 관련해서 볼 때 '비지배'의 의미를 다음과 같이 해석할 수 있다.

자유를 '비지배'로 해석한 페팃의 정의에 따르면, 비지배란 "타인의 의지에 종속됨이 없는 상태"[12]를 가리킨다. 禮를 대입하여 다시 쓰면 다음과 같다. "공동체주의적 이상이라는 관점에서 禮로부터 발생하는 자유란 비지배의 자유"인데, 이는 "타인의 부재가 아니라 지배를 행사하려는 타인의 능력에 대한 견제에 의해 발생하는 사회적 선"[13]이며, "'각 취약계급의 관점에서 바라본 공공선'[14]이다."[15] 타인을 지배하려는 의지는 개인 누구나 가질 수 있다. 문제는 '지배할 수 있는 능력'이다. 개인과 개인의 관계, 집단과 개인의 관계, 집단과 집단의 관계에서 지배-피지배 관계란 지배할 수 있는 능력을 갖춘 쪽이 관계가 시작되는 때부터 정해져 있거나 혹은 상호작용을 통해 한번 정해지면 바뀌기 어려울 때 발생한다. 지배하는 쪽이 자주 바뀌는 관계나 지배당하는 쪽에서 언제라도 관계를 해소함으로써 피지배 상태에서 벗어날 수 있는 관계는 문제가 되지 않는다. 그러나 살기 위해서 상대방을 필요로 하는 조건, 상대방의 부재가 곧 생존 위기를 의미하는 조건에서 관계의 해소는 때로는 목숨을 걸어야 하는 문제이기에 쉽지 않다. 따라서 지배-피지배 관계란 한번 형성되면 쉽게 해소되지 않으며 관계에 따라서 사회악으로 발전할 수 있다. 지배를 행사하려는 타인의 능력에 대한 견제가 작동한다면 비록 그 관계가 지배-피지배 관계라도 사회악으로 발전할 가능성은 줄어든다. 개인이든 집단이든 관계 당사자들 사이에서 상호견제가 불가능해지고 한쪽이 다른 한쪽을 일방적으로 지배할 때 지배-피지배 관계가 형성되는데, 이때 지배당하는 쪽에서 지배하는 쪽을 견제할 수단이 없다면 이 관계는 사회악이 되기 쉽다. 따라서 "지배를 행사하려는 타인의 능력에 대한 견제"[16]를 위한 제도적 장치가 필요하다. 지배당하는 쪽에서 지배하는 쪽을 견제하는 수단의 문제는 사회적 선, 정의에 관한 문제다.

「소요유의 자유에 대한 소고」는 자유에 대한 대표적 개념 정의 중 하나인 벌린의 자유 개념에 비추어, 자유에 대한 대표적인 문헌으로 알려진 『장자』의 「소요유」를 분석한 논문이다. "왜 '자유'인가"라는 문제제기로 시작하는 이 논문은 자유에 대한 논의를 시작하기 전, '개인'이라는 주제에 천착하는 이유를 다음과 같이 설명하고 있다.[17]

문제제기: 왜 '자유'인가?

동양철학에서 개인은 존재하는가? 일견 터무니없어 보이는 이 질문이 중요한 까닭은 현대사회가 개인을 기반으로 한 사회이며 동양철학은 개인이 아닌 공동체에 초점이 맞추어져 있다는 통념 때문이다. 동양철학은 윤리학으로 대표되며 그것도 공동체 중심의 사회윤리가 핵심이 된다는 통념은 부정하기 어렵다. 철학뿐만 아니라 경영학, 사회학, 심리학 등의 학문분야에서 동양철학과 관련된 연구성과가 이를 뒷받침한다. 공동체가 아닌 개인이 권리와 의무의 주체이며 개인의 의사결정을 토대로 작동한다고 설명되는 현대사회에서 개인이 아닌 집단에 초점을 맞춘 동양철학의 역할은 제한적일 수밖에 없다. 개인화가 가속화되는 신자유주의 체제에 맞서는 대안을 동양철학에서 모색하는 시도가 공허하고 진부한 구호에 그치지 않기 위해서도 동양철학의 맥락에서 개인에 대한 연구는 필요하다.

동아시아 사회의 근대화 초기에 동양철학은 개인의 권리와 의무, 개인의 의사결정에 기반을 둔 민주주의에 대립하는 전근대적 잔재로 비판받았다. 이후 서구 중심의 근대화에 대한 반성, 근대성 자체에 대한 반성을 거치며 동양철학은 학술적 입지를 공고히 하게 되고 인문사회과학에 동아시아 사회를 설명하는 주요 개념들을 제공하며 현재에 이르고 있다. 그럼에도 동양철학은 전통적으로 동양철학 내에서 중요하게 다루어졌던 논제들에 집중하거나 서양철학에 대한 제한적 대안 제시에 그치고 있을 뿐, 현대철학의 주요 논제들에 초점을 맞춘 연구에는 다소 유보적이다.

그 원인 중 하나가 개인 중심의 서양철학과 공동체 중심의 동양철학이라는 대립항이다. '개인'의 존재를 의심하고 비판하며 해체하고 다양한 대안을 제시하는 연구는 철학 및 여러 학문분야에서 현재에도 계속되고 있다. 많은 연구에서 개인은 이미 따옴표를 달고 비판적으로 제시되며 재정의가 필요한 개념이 되어버렸다. 이러한 상황에서 개인과 관련된 다양하고 광범위한 문제에 봉착할 때마다 개인이 아니라 공동체가 대안이며 공동체를 중심으로 한 동양철학에 열쇠가 있다고 일률적이고 포괄적인 해답을 제시하는 방식으로 접근한다면 섬세하고 치밀하게 전개되는 현재의 논의에 참여하기는 어렵다. 적어도 이 대립항을 벗어나보려는 시도가 필요하다.

본 연구는 동양철학에서 개인의 존재(혹은 부재)라는 포괄적인 질문에 다가가기 위해 동양철학의 뿌리가 되는 고대 중국철학의 텍스트들을 자유라는 키워드로 재해석하는 시도 중 하나다. 본 연구는 자유에 관한 다양한 개념 정의 중에서도 가장 원초적인 정의라 할 수 있는 불간섭(non-interference)의 자유에 초점을 맞추고자 한다. 밀(J. S. Mill)은 타인에게 해가 되지 않는 범위에서 개인에게는 행동의 자유가 있다고 주장했으며 이러한 자유는 통상 벌린(I. Berlin)의 고전적인 정의에서 소극적 자유에 가깝다고 이해된다.[18] 이후 불간섭의 자유를 의미하는 소극적 자유와 자아실현에 초점을 맞춘 적극적 자유의 구분을 넘어서는 개념 정의들이 도출되었다. 특히 비지배(non-domination)의 자유, 비종속(non-subjection)의 자유는 불간섭의 자유라는 개념이 갖는 한계를 상당 부분 극복한 개념들이라 할 수 있다.[19] 이러한 진보된 개념 정의들 사이에서도 불간섭의 자유는 폐기되기는커녕 가장 기본적인 자유 개념으로 여전히 교과서, 이론서에 등장하고 있다.

'서구'의 사상적 전통으로부터 특정 개념을 가져와 동양철학의 문헌을 읽어내는 방법은 근대로의 이행이라는 사상적 단절 이후에 동양철학을 재건하는 방편으로 한 세기 이상 사용되고 있다. 이 방법의 공헌과 한계는 명확하다. 공헌은 서양철학으로부터 가져온 개념들을 적용해 동양의 문헌들을 분석한 결과를 동양철학이라 이름하고, 서구의 철학에 해당하는 학문으로 정립하였다는 점이다. 한계는 '서구'의 거울에 비친 '동양'이다. 이러한 한계에 관하여 「'탈서구중심'을 위한 전통의 재해석」이라는 제목의 발표문을 쓴 적이 있다.[20]

본 발표는 〈서구중심주의를 넘어서〉 기획에 속한 개별 연구의 틀을 제공하는 동명의 저서 『서구중심주의를 넘어서』에서 저자가 제시한 학문적 대안 중 하나인 '전통의 재해석'에 대한 개별 연구 차원에서의 보충을 목적으로 한다. 저자는 동아시아 전통사상이 첫째, 서구 사상과 "호환"[21] 될 수 있는 "인류문명의 보편적 자산으로서의 가치"를 지니고 있으며, 둘째, 서구와는 다르기 때문에 "다양성" 보존 차원에서 "보존·확충·쇄신"할 필요가 있으며, 셋째, "우리의 정체성을 구성하고 있고 우리에게 친숙하기에 우리는 그 유산을 좀 더 효과적으로 계발할 수 있는 전략적 위치"에 있기 때문에, "전통적인 사상적 자원을 보수적 차원에서든 진보적 차원에서든 적극적으로 재해석·재활용하는 것이야말로 서구중심주의를 비판적으로 지양할 수 있는 학문적 대안"[22]이라고 주장한다.

위에 제시된 세 가지 근거는 '전통의 재해석'을 위한 세 가지 중점 연구방향으로 볼 수 있다. 첫째, '전통의 재해석'을 위해 서구 사상과의 호환이 중요하다고 보는 연구방향이다. 동아시아 전통사상의 주요 개념들을 서구 사상의 주요 개념으로 재해석하거나 역으로 서구 사상의 주요 개념들을 전통사상 텍스트에 적용해보는 연구들이 이에 속한다. 둘째, '전통의 재해석' 이전에 전통의 "보존·확충·쇄신"에 집중하는 연구방향이다. 현대사회에서 급속도로 가치를 상실해가는 전통사상을 '전통적인 방법'으로 연구함으로써 전통사상의 틀 안에서 "보존·확충·쇄신"을 도모한다. 동아시아 전통사상의 연구방법론은 한마디로 '술이부작(述而不作)'이라 할 수 있다. 고전 텍스트를 텍스트 안에서 혹은 다른 고전 텍스트와의 상호참조를 통해 해설하는 작업이다. 개별 연구는 주석사(註釋史)의 흐름 속에 위치하여야 한다. 한국 학계에서 이 연구전통은 근대를 거치면서도 사라지지 않았을 뿐만 아니라, 동양철학의 기저에 면면히 흐르고 있다. 서양철학, 서양 학문의 관점에서 동양철학 연구가 종종 철학이 아니라 사학(史學)으로 오인·분류되는 이유가 여기에 있다. 셋째, '전통의 재해석'을 독점적 독창성의 저수지로서 전략적으로 활용하는 연구방향이다. 한국, 중국, 일본 등 동아시아 사회현상 분석연구의 결론 부분 혹은 토론 부분에서 孝, 禮, 和 등등의 개념을 도입하여 주로 서구 사회를 중심으로 행해진 기존 연구들과의 차별성을 분명하게 하고 연구의 독창성을 강화하는 화룡점정으로 사용하는 연구들이 이에 해당한다.

이 세 가지 연구방향은 자신의 연구에서 서구중심주의와 대면할 수밖에 없는 비서구-동아시아 사회의 개별 연구자가 통상 취하는 방법의 갈래 이기도 하다. '과학'적 방법론은 서구중심주의와의 곤혹스러운 대면을 처음부터 피해가는 연구방향으로 각광받았으며 사회과학뿐만 아니라 인문학 연구에서도 점점 입지를 넓혀갈 것이라 예상한다.

발표자는 이 세 가지 연구방향이 모두 '전통의 재해석'을 통해 서구중심주의를 넘어서려는 노력의 일환이며 지금도 각각의 연구방향으로 그 노력을 경주하고 있다고 생각한다. 서구와의 호환성을 높이기 위해서는 전통사상의 보존에 집중하는 연구를 그만두어야 한다거나 역으로 보존을 위해서 호환성을 높이는 연구는 중단되어야 한다는 주장은 '전통의 재해석을 통해 서구중심주의를 넘어서려는 노력' 전체를 놓고 볼 때 퇴행이다. 혹은 서구중심주의를 넘어서기 위해서는 역설적으로 서구-비서구, 전통-현대 등의 구분을 무화하는 소위 '과학적 연구방법론'이 최선이며 '전통의 재해석'은 시대착오적이며 비현실적 구호에 불과하다는 주장도 있다. 특정 시기에 특정 연구방향이 더 효율적이거나 더 가치 있는 길로 보일 수 있다. 그러한 계기에 자신의 연구방향을 바꾸는 연구자들도 있을 수 있다. 그러나 연구자는 자신이 옳다고 믿는 방향으로 자신이 도달할 수 있는 만큼 연구할 뿐이며, 인문사회과학에서 어떤 연구방향이 궁극적으로 서구중심주의를 넘어서는 길인지 아직은 명확하게 알수 없다. (중략) 탈서구중심이라는 연구지향에 대하여 개별 연구자의 연구방향 설정 문제는 결국 '연구자 자신이 처한 현 상황을 어떻게 볼 것인가'라는 문제로 수렴한다. '서구중심이 존재한다고 믿으며, 중심에서 작동하는 근대의 문법을 주변부에서 습득하기 시작한 연구자 혹은 근대의 문법 쌓기에 공헌하여 중심에 도달한 연구자'의 눈에는 이러한 시도가 비효율적이며 성공확률도 낮은 어리석은 짓에 불과할 것이다. 이미 근대인으로서 교육받은 현대의 학자가 자신이 속하기는커녕 미지의 세계에 불과한 전근대(예컨대 유교)에 각별한 소속감을 가지고 여기로부터 자신과 사회를 설명하려 하는 시도는 자신이 처한 상황을 잘못 인식하는 것으로 보일 것이다.

인용문에서 밝혔듯이, 근대의 문법이 쌓은 바벨탑은 구체적인 현실과는 어긋날 수밖에 없으며 그 부조리가 극에 달해 결국 서구중심-근대는 무너질 수밖에 없다고 생각하는 연구자라면 근대의 문법에 공헌하기보다는 근대의 맹점을 들여다보고, 근대에 포섭되지 못한 쓰레기더미를 쑤시며 서구중심-근대를 고민하는 쪽을 택하지 않을까? 감히 대안을 모색한다고까지는 말할 수 없을지라도.

자유롭고 평등한 개인이 시민적 주권을 행사하는 근대사회와 다양한 층위의 공동체들로 이루어진 전근대사회를 대조해보면, 자유와 평등은 서로 대립되는 개념이기는커녕 서로 필수불가결한 개념이다. 전근대사회에서 공동체의 통제와 보호는 위계질서를 통해 행사된다. 공동체는 불평등한 관계를 통해 구성원을 간섭하고 통제한다. 평등이 없으므로 자유도 없다. 반면, 근대사회에서 개인 간의 평등은 상호 불간섭으로 귀결된다. 평등한 관계가 야기할 수 있는 만인에 대한 만인의 투쟁은 개개인의 힘을 국가에 양도하면서 끝날 수도 있겠지만 상호 불간섭에 합의함으로써 끝난다. 굳이 드워킨(Dworkin)을 언급하지 않아도, 자유 없이 평등 없고 평등 없이 자유 없다. 2012년 『아태연구』에 실린 「『순자(荀子)』에서 예(禮)와 평등」은 이러한 관점에서 쓰인 논문이다. 논문의 시작은 다음과 같다.

문제제기: 『순자』에서 禮와 불평등

『순자』 철학을 대표하는 개념이 禮라는 점에는 이견이 없을 것이다. 『순자』에서 禮는 전편에 걸쳐 다양한 주제와 더불어 강조된다. 禮는 개인 간의 관계의 윤리일 뿐만 아니라, 사회질서의 근간을 구성하는 사회 윤리다. 禮의 실천은 나눔(分)으로 나타나고, 나눔에 따라 사람들 사이에 차등이 생기며, 차등에 따라 생기는 상하 질서가 사회질서를 형성한다는 것이 일반적인 관점이다. 특히 국가의 통치 권력이라는 관점에서 본다면, 개인 간, 집단 간의 차등과 차등에서 발생하는 지배-종속 관계야말로 국가 통치 권력의 핵심이다. 따라서 禮 체제가 무너진다는 것은 차등을 기반으로 한 지배-종속 관계의 붕괴를 의미하며 이는 국가 권력의 붕괴로 이어진다. 禮의 실천으로부터 비롯된 불평등이 다시 禮를 포함한 유가철학으로써 정당화되는 禮 체제가 동아시아 전근대사회 국가 권력 구조의 근간을 이룬다.

유제희는『순자』의 禮를 홉스의 정치사상과 비교하여, 禮가 국가 권력을 정당화하는 논리를 분석하였다. 그에 따르면, 순자와 홉스는 인성론에서는 공통적이라 할 수 있지만 인성의 극복 방법에서 차이를 보인다. 그에 따르면, 홉스의 사회계약론과 같은 결론이 순자의 철학에서는 도출될 수 없는데, 그 까닭은 "순자는 무리를 떠나 살 수 없는 사회성 그 자체를 인간을 구성하는 특징 중의 하나로 보고 있기 때문"[23]이다. 정인재 역시 홉스와 순자를 비교하였는데, "전자는 이미 인간의 평등을 밑바탕에 깔고 있는데 비하여 후자는 聖人과 衆人(보통 사람)의 구분을 염두에 두고 있어 차별성을 전제로 하고 있음을 알 수 있다"[24]고 설명한다. 이어서 그는 禮 체제를 "일종의 등급이 삼엄한 불평등한 사회조직인데 순자는 오히려 이것이 가장 합리적이며 가장 평등한 사회조직이라고 생각하였다"[25]고 서술하고 있다.[26] 김성동은 "이러한 순자의 입장이 중국문화의 불평등을 정당화했다고 보통 비난받게 만드는데, 이를 하늘의 섭리로 일컫는"[27] 부분에 이르면 명확해진다고 주장한다. 이상의 연구들을 살펴보면,『순자』의 禮 개념이 차별과 불평등을 합리화한다고 보는 시각에서는 공통점을 드러낸다.『순자』에서 禮 개념을 평등의 관점에서 설명하고자 한 정인재의 연구조차 '순자의 맥락에서는 불평등이 평등'이라는 설명 이상을 하지는 못했다.

본 연구는 『순자』에서 禮 개념의 핵심이 '불평등 질서의 구축'이라는 기존 논의에 대한 의문에서 시작한다. 기존의 연구는 차등의 질서를 인위적으로 구축하여 불평등을 제도화하고 불평등을 기반으로 한 지배-종속 구조를 '평등'으로서 정당화하는 禮의 기능에 주목하였다. 그러나 이러한 논의를 그대로 받아들인다면, 禮는 계급, 성, 연령 등에 따른 불평등을 정당화할 뿐만 아니라 불평등을 평등이라 합리화하는 논리 체계로서, 현대 민주주의 가치와 양립할 수 없다는 결론에 이르게 된다.

현대 민주주의는 평등을 가장 기본적인 가치로 여긴다. 불평등은 합리가 실현되지 않은 상태, 즉 불합리한 상태이며 불가피한 결과로 묵인될 수는 있지만 그 자체로서 정당화되기는 어렵다. 따라서 『순자』에서 禮 개념이 불평등을 합리화하는 논리나 불평등을 정당화하는 지배 수단으로 해석될 수 있는 부분에 대한 재해석 노력은 '禮 개념이 현대 정치 사상에서 살아남느냐, 배척되느냐'의 문제와 직결된다. '권위의식', '성차별' 등 불합리한 상하관계를 정당화하는 원흉으로 禮 개념이 지목되고 유학이 지탄받는 현실에 대한 대응으로서 '전통사상의 옹호'에 목소리를 높이고 더욱 권위를 부여하는 방식은 한계가 있다. 학술 연구를 통한 개념 분석 및 재해석이 더 근본적인 해결에 가깝다.

본 연구는 禮 개념이 '차등의 질서에 기반을 둔 불평등을 통치의 수단으로서 정당화한다'는 기존의 시각을 전면 부정하는 기획은 아니다. 본 연구는 禮 개념의 핵심이 '차등의 질서'라는 기존 논의를 부정하지 않는다.[28) 상하 질서가 지배-종속 구조로 이행되는 결과를 낳고 禮가 지배-종속 구조를 정당화하는 논리로 쓰였다는 역사적 사실, 그리고 지금도 禮 개념은 지배-종속 구조의 정당화 이데올로기로 여전히 오남용되고 있다는 현실은 인정한다. 본 연구는 기존의 시각과 다른 각도에서 禮를 분석함으로써 禮에 대한 이해를 넓히려는 의도에서 기획되었다. 본 연구는 禮 개념이 평등의 실현과 무관하지 않음을 강조함으로써 禮 개념에 드리워진 '반민주적 혐오'에 개념 논의 차원에서 도전하고자 한다. 차등에 따라 생기는 상하 질서가 상하 질서에 따른 지배-종속 구조 확립을 위한 사전 조치는 아니다. 본 연구가 주목하는 상하 질서는 오히려 지배-종속 구조를 회피하기 위한 장치다. 차등이 아니라 나눔(分)에 주목하여 禮를 재조명한다면, 禮에는 상하, 노소, 남녀 등으로 개인과 집단을 나눔으로써 개인 간, 집단 간의 지배-종속 관계를 차단하는 속성이 있다. 예컨대, '예의를 차림'으로써 상대방과 거리를 두어 인간관계에서 발생할 수 있는 지배-종속 관계를 회피하는 시도는 현대에도 목격된다. 나눔에서 생기는 거리야말로 본 연구가 『순자』의 禮 개념에서 재조명하고자 의도하는 지점이다.

이 논문에서는 차등을 두어 위계를 형성함으로써 공동체의 통제와 보호를 실현하는 질서로서 禮가 아니라, 서로 나누고(分) 떼어놓아(別) 생긴 서로 간의 거리로부터 만들어진 상호 불간섭의 상태에서 각자의 욕망을 실현할 수 있도록 하는 평등의 장치로서 禮를 설명하고자 하였다. 총론에 해당하는 이 논문을 바탕으로 한 각론에 해당하는 논문이 앞서 언급한 「禮와 비지배의 자유에 관한 일고찰」이다. 평등과 자유의 관계를 구체적인 禮의 실천 차원에서 검토하여 禮를 통해 자유와 평등이 연결되는 방식을 설명하였다. 「『순자(荀子)』에서 예(禮)와 평등」에서 논한 인간의 본성을 개인주의에 초점을 맞추어 풀어쓴 것이 이 책의 2장이다. 그 밖에, 2013년 『인문논총』에 발표한 「양생(養生)의 제도적 장치로서 예(禮)에 대한 일고찰(一考察)—여씨춘추(呂氏春秋)를 중심으로」와 같은 해 『동아시아문화연구』에 발표한 「회남자(淮南子)에서 禮에 관한 一考察」은 양생을 "서로 나누고(分) 떼어놓아(別) 생긴 서로 간의 거리로부터 만들어진 상호 불간섭의 상태에서 각자의 욕망을 실현할 수 있도록 하는" 禮 실천의 결과물로 탄생한, 개인이 향유할 수 있는 일종의 복지로 해석한 논문이다.

동아시아의 사상적 전통에서 禮 개념을 욕망 앞에 평등한 개인의 자유로 해석한다면, 앞서 말한 전근대사회와 근대사회의 구분, 비서구와 서구의 구분은 무의미하다. 동아시아 전근대사회의 질서를 함축한 개념인 禮 역시 근대적 인간, 즉 자유롭고 평등한 개인과 양립 불가능한 개념은 아니다. 근대정신을 함축한 말로 자주 언급되는 '자유, 평등, 연대'는 서로 필수불가결한 관계를 맺고 있다.

동서양을 막론하고 고전 시대로부터 여러 사상가들이 남긴 문헌에서 개별적으로 언급되고 개념화된 자유, 평등, 연대는 근대라는 역사적 시기에 이르러 서로 연관된 개념으로 구체화되어 현대에 이르렀다. '자유, 평등, 연대'는 인간 존재에 대한 하나의 관점이다. 비록 서구의 근대 사상가들과 근대혁명에 빚지기는 했지만, 서구 사상가들의 전유물도 아니며 서구의 근대라는 역사적 시기에 고착된 관점도 아니다.

자유, 평등을 포함하여 여러 주제로 진행해온 연구를 굳이 '개인주의'라는 이름으로 묶는 이유는 무엇인가? 왜 개인주의라는 말에 천착하는가? 개인주의라는 관점에서 '자유롭고 평등하며 서로 연대하는 개인'이란 말을 다시 들여다보면, 자유가 평등의 전제조건이며 자유와 평등이 연대의 전제조건이라는 의미를 함축하고 있다. 물론, 평등이 전제되지 않는 자유 역시 근대성과는 거리가 멀다. 이러한 자유는 전제군주처럼 권력을 독점한 소수만 누릴 수 있는 자유[29]이거나 성인, 군자처럼 외적 조건에 얽매이지 않은 탁월한 사람만 누릴 수 있는 자유[30]이다. 평등이 전제된 자유야말로 근대의 성취다. 자유가 전제되지 않은 평등, 자유와 평등을 희생한 연대는 개인주의의 관점에서 보면 무의미하며 무가치하다. 연대를 위한 자유와 평등으로 '자유, 평등, 연대'를 해석한다고 해도 마찬가지다. 필자는 '자유롭고 평등하며 서로 연대하는 개인'은 근대 서구의

전유물이 아니라 인간에 대한 보편적 정의이며, 개인, 개인성의 희
생으로 이루어지는 평등과 연대는 무의미하다는 말을 '자유, 평등,
연대'와 가장 무관한 듯 보이는 중국 고대 사상가들의 문헌을 통해
하고자 했으며 그 작업의 중간 정리가 바로 이 책이다.

2

『순자(荀子)』의 욕망론에 대한 개인주의적 접근

1. 서론

근대 사회계약론의 계승자로 알려진 존 롤즈(John Rawls)는 민주주의 사회를 구성하는 시민으로서 '인간관(conception of the person)'에 대하여 다음과 같이 말한다.

> 나는 자유롭고 평등한 사람이라는 관점이 규범적인(normative) 관점임을 강조한다. 즉 그것은 우리의 도덕적·정치적 사유와 실천에 의해 주어지며, 도덕·정치철학과 법철학의 연구대상이다. 고대 그리스 이래로

철학과 법에서 인간이라는 개념은 사회적 삶에 참여하거나 역할을 할 수 있고, 따라서 다양한 권리와 의무를 행사하고 존중할 수 있는 사람이라는 개념이었다. 공정한 협력 체계로서의 사회라는 핵심적인 구성적 관념을 구체화할 때, 우리는 완전히 협력적인 구성원의 역할을 수행할 수 있는 자들로서의 자유롭고 평등한 사람들이라는 동반 관념을 사용한다. 사회를 공정한 협력 체계로 보는 정치적 정의관에 따를 때, 시민은 일생 동안 자유롭고 평등한 참가자일 수 있는 사람이다.[31]

'자유롭고 평등한 사람들이 구성하는 공정한 협력 체계로서의 사회'에 대한 고민은 존 롤즈의 연구주제이자 업적이다. '공정한 협력 체계로서의 사회'와 인간의 욕망은 어떤 관계가 있을까? 다시 말해서, 욕망은 자유, 평등과 어떤 관련이 있을까? 프랑스 인문주의를 대표하는 프랑수아 라블레(François Rabelais)는 『가르강튀아(Gargantua)』에서 자유와 욕망의 관계를 다음과 같이 보여준다. 가르강튀아는 인간의 자유의지가 보장되는 수도원을 세우고 수도사들에게 '순결, 청빈, 복종'이 아니라 '원하는 바를 행하라'는 규칙을 지키게 한다.

그들의 모든 생활은 법이나 규정, 규칙에 의해서가 아니라 그들의 의사와 자유의지에 따라 관리되었다. 그들은 원할 때 침대에서 일어나, 하고 싶은 욕망이 생길 때 먹고 마시고 일하고 잠을 잤다. 아무도 그들을 깨우지 않았고, 아무도 그들에게 먹거나 마시고 무슨 일이거나 하라고 강요하지 않았다. 이렇게 가르강튀아가 정해놓았던 것이다. 그들의 규칙이라고는 '원하는 바를 행하라'는 조항밖에 없었다. 왜냐하면 좋은 가문에서 태어나 좋은 교육을 받고 훌륭한 동료들과 함께 생활하는 자유로운 인간들에게는 천성적으로 도덕적으로 행동하게 하고 악을 멀리하도록 하는 본능이 있고 그들이 명예라고 부르는 자극을 받게 되기 때문이다. 그들이 수치스러운 굴종과 강제에 의하여 억압받고 예속될 때, 그들에게 자유롭게 미덕을 추구하며 예속의 굴레를 떨쳐버리고 거역하게 하던 고상한 성향은 왜곡된다. 우리는 언제나 금지된 일을 시도하고 우리에게 거부된 것을 갈망하기 때문이다.[32]

욕망의 긍정이 르네상스 인문정신의 주요 특징 중 하나임은 익히 알려진 바다. 사상의 관점에서 르네상스란 인간의 욕망을 부정하고 죄악시하던 중세에서 벗어나 자신의 이익과 행복을 추구하는 존재로서 인간을 긍정하기 시작한 시대를 일컫는다. 영국의 인문주의자 토마스 모어는 인간의 죄를 대속하고자 십자가에 매달린 그리스도의 삶을 본받는 대신, 자신의 쾌락과 행복 추구를 삶의 목표로 삼는 유토피아인과 그들의 사회를 이상으로 제시한다.

유토피아인들은 덕이란 자연에 따라 사는 삶이라고 정의합니다. (중략) 자연은 우리에게 즐거운 삶, 다시 말해서 쾌락을 우리 행위의 목표로 지정해준 것입니다. 그리고 이에 따라 사는 것을 덕이라고 규정할 수 있습니다. 그리고 자연이 사람들에게 가능한 한 서로의 삶을 유쾌하게 만들라고 명령한 이상, 우리의 이익을 탐한 나머지 이웃에게 불행을 초래해서는 안 된다고 계속 경고합니다. 그 이유는 명백합니다. 어느 누구도 다른 사람들보다 훨씬 더 높은 지위를 차지하여서 그만이 자연의 특권적인 고려 대상이 되라는 법은 없습니다. 자연은 똑같은 형상을 부여해준 모든 생명에게 똑같이 애정을 가지고 있습니다.[33]

욕망을 가진 존재로서 인간이 자신과 평등한 다른 인간들 사이에서 자신의 자유를 욕망 충족을 위해 사용할 때 어떤 일이 생기는가? 사회계약론으로 대표되는 근대 정치철학의 주제는 욕망을 실현하고자 하는 자유롭고 평등한 시민들로 이루어진 사회였다. 이 주제는 현대 자유민주주의 사회에서도 여전히 유효하다. 자유롭고 평등한 시민들이 합의한 협력 체계로서의 사회는 사회를 구성하는 시민들이 기본적으로 자신들의 욕망을 실현하고자 하는 존재라는 점을 전제로 한다.

동양 정치사상의 '욕망을 실현하고자 하는 자유롭고 평등한 사람'이라는 인간관을 『순자(荀子)』에서 찾을 수 있다.[34] 『순자』에 관한 방대한 연구결과 축적에도 불구하고, 『순자』에 나타난 근대적 개인성을 전면에 내세우는 연구는 상대적으로 적다.[35] 본 연구는 『순자』의 인성론, 심론, 욕망론, 감정론에 대한 선행 연구 성과를 종합하여, 욕망에 대한 인정에서 출발하는 『순자』의 인간관을 근대적 개인성에 초점을 맞추어 재해석하고자 한다. 개인의 자유와 평등은 『순자』에서 개인의 욕망을 긍정하는 논리 구조와 예(禮)를 축으로 맞물린다. 『순자』의 정치사상으로 알려진 예치(禮治)란 '욕망을 실현하고자 하는 자유롭고 평등한 사람들이 자신의 욕망을 적절히 실현할 수 있도록 하는 정치'라 할 수 있다.

2. 『순자』에서 性과 禮

『순자』에서 성악설(性惡說)로 알려진 인간의 본성에 대한 관점은 욕망론으로부터 출발한다. 성악설이란 인간의 본성이 악하다는 주장이 아니라 인간의 본성은 욕망으로부터 출발한다는 주장이다. 『순자』는 인간의 본성에 대해 다음과 같이 말한다.

인간에게는 한 가지 공통된 바가 있다. 굶주리면 먹기를 욕망하고 추우면 따뜻하기를 욕망하고 노동하면 쉬기를 욕망한다. 이익을 좋아하고 해를 싫어한다. 이것은 인간이 태어나면서부터 갖게 되는 바다. 이것은 (성장하기를) 기다림이 없이도 그러한 것이다. 이것은 (성군인) 우(禹)나 (폭군인) 걸(桀)이나 공통된 바다.[36]

모든 인간에게 한 가지 공통된 바는 자신에게 이익이 되는 것을 좋아하고 해가 되는 것을 싫어한다는 것이다.[37] 성군(聖君)이든 폭군(暴君)이든, 신하에서 일반 백성에 이르기까지, 어른과 아이를 막론하고 공통된 욕망을 사회적으로 실현하는 장치가 예(禮)다.

예는 무엇으로부터 시작되었는가? 말하자면, 인간의 삶에 욕망이 있다는 것이다. 욕망이 충족되지 못하면 갈구하지 않을 수 없다. 갈구하는 데 수량의 정도나 영역의 구분이 없다면 다투지 않을 수 없다. 다투면 혼란스럽고 혼란스러우면 궁핍해진다. 선왕께서 그 혼란을 싫어하셔서서 예의(禮義)를 제정하셔서서 그것으로써 나누고(分), (나눔으로써) 사람의 욕망을 부양(養)하였다.

『순자』「예론(禮論)」편에서는 예(禮)를 욕망의 부양(養)이라 정의[38]하며 곧이어 욕망 충족의 구체적인 예시를 들고 있다.

그러므로 천자가 대로(大路)에 돗자리를 까는 것은 몸의 욕망을 충족시키려는 것이다. 곁에 택지(蕞芷) 같은 향초를 놓는 것은 코의 욕망을 충족하려는 것이다. 앞에 가로댄 나무에 조각을 하는 것은 눈의 욕망을 충족하려는 것이다. 말방울 소리가 걸을 때는 무(武)와 상(象)의 음악에 들어맞고, 달릴 때는 소(韶)와 호(護)의 음악에 들어맞는 것은 귀의 욕망을 충족하려는 것이다. (중략) 신하는 나가 죽고 절의를 지키는 것이 삶을 부양(養生)하기 위한 것임을 잘 알아야 한다. 비용을 대고 그것을 쓰는 것은 재물을 늘리기 위한 것임을 잘 알아야 한다. 공경하고 사양하는 것은 안락함을 간직하기 위한 것임을 잘 알아야 한다. 예의와 형식은 감정을 부양(養情)하기 위한 것임을 잘 알아야 한다.[39]

위의 인용문에서 욕망과 욕망의 충족은 주로 물리적·생물학적 차원의 논의다. 물욕, 명예욕 등 사회문화적 욕망도 결국에는 물리적·생물학적 욕망으로 귀결된다. 물리적·생물학적 차원의 욕망은 자연으로부터 부여받은 욕망이다. 원문에 '안락함을 부양함(養安)', '감정을 부양함(養情)'이라 표현한 물리적·생물학적 욕망 충족은 '공경사양(恭敬辭讓)', '예의문리(禮義文理)'라 표현한 예(禮)에 의해 이루어진다. 육체적 안락함과 감정적 충족감이 예를 통해 얻어질 수 있음을 장황하게 설명한 구절에서, 『순자』가 말하는 육체적 쾌락과 더불어 정(情)은 예의 실천을 통해 충족되어야 할 목표이지 결코 제거되거나 억압되어야 할 악(惡)은 아님을 알 수 있다.

3. 「천론(天論)」에서 天, 欲, 養

『순자』에서 하늘(天)은 천연(天然), 자연(自然)을 가리킨다. 하늘이라는 말을 사용하여 인간의 타고난 삶의 조건에 대해 다음과 같이 서술한다.

하늘의 직무가 성립되고 하늘의 공적이 이루어 진 뒤에, 사람의 형체가 갖추어지고 정신이 생겨나서, 좋아함과 싫어함, 기쁨과 노여움, 슬픔과 즐거움의 감정이 깃들게 된다. 이것을 천정(天情)이라 한다. 귀·눈·코·입과 육체는 각각 밖의 것들과 접촉해 기능을 발휘하나 기능을 함께할 수는 없다. 이것을 천관(天官)이라 한다. 마음은 가운데 텅 빈 곳을 차지하고, 귀·눈·코·입·육체의 오관(五官)을 다스린다. 이것을 천군(天君)이라 한다. 그와 같은 종류가 아닌 것들을 적절히 이용해 인류를 양육해주고 있다. 이것을 천양(天養)이라 한다. 그와 같은 종류의 생활에 순조로운 것을 복이라 하고 그와 같은 종류의 생활을 거스르는 것을 화라고 한다. 이것을 천정(天政)이라 한다.[40]

인간의 조건을 거스르면 흉(凶)이 되는데 성인(聖人)은 자연적으로 부여된 인간의 조건을 인위적으로 거스르지 않음으로써 삶을 상하지 않게 한다. 『순자』에서 이상적 인간, 이상적 통치자로 제시되는 성인은 자연을 거슬러서 억지로 자신의 길(道)을 내는 존재가 아니다.

그 천군(天君)을 어둡게 하고 그 천관(天官)을 어지럽히고 그 천양(天養)을 버리고 그 천정(天政)을 거역하고 그 천정(天情)을 배반하여 그것으로써 그 천공(天功)을 잃게 되면 이것을 일컬어 대흉(大凶)이라 한다. 성인(聖人)은 그 천군을 맑게 하고 그 천관을 바르게 하고 그 천양을 갖추고 그 천정을 따르고 그 천정을 길러서 그것으로써 그 천공을 완전하게 한다. 이와 같다면 그 할 바와 하지 않을 바를 알게 된다. 그러면 하늘과 땅은 기능하(官)⁴¹)고 만물은 부역하(役)게 된다. 그 행함에 세세한 곳까지 다스려지고 그 부양함에 세세한 곳까지 적절하게 되면 그 삶이 상하지 않는다. 이를 일컬어 '하늘을 안다(知天)'고 한다. 그러므로 큰 기교는 [억지로] '하지 않음(不爲)'에 있으며 큰 앎은 '생각하지 않음(不慮)'에 있다. 하늘에 대해 아는 바란 이미 상(象)으로 드러나서 [그것으로써] 확약할 수 있는 것일 뿐이다. 땅에 대해 아는 바란 이미 타당함으로 드러나서 [그것으로써 생물을] 기를 수 있는 것일 뿐이다. 사계절에 대해 아는 바란 이미 수(數)로 드러나서 [그것으로써] 일할 수 있는 것일 뿐이다. 음양에 대해 아는 바란 이미 지식으로 드러나서 [그것으로써] 다스릴 수 있는 것일 뿐이다. 관리가 하늘을 지키면 그것으로 도를 지키는 것이 된다.⁴²)

성인은 하늘과 땅, 즉 자연이 그 기능을 제대로 하고 인간을 포함한 만물이 자연에 순응하여 살아갈 수 있도록 자신의 방법(道)을 억지로 관철하려 하지 않는다(不爲). 하늘은 천문을 담당하는 관리에게 맡겨서 그가 상(象)을 읽어 하늘의 질서를 지키도록 하면 된다. 땅의 질서 역시 풍토에 관하여 이미 드러난 사실에 근거하여 작물이 자랄 수 있도록 하면 그뿐이다. 절기의 변화 역시 태양과 달의 위치, 날짜 등으로 나타난 사실을 따르면 된다. 음양 또한 밝혀진 사실을 근거로 축적된 지식에 의거할 뿐이다. 이상적 통치자는 자의로 그 이상을 행하려 하면 안 된다. 불위(不爲)는 천(天)으로 대표되는 자연을 거스르면 안 된다는 뜻이다. 인간의 본성 또한 예외가 아니다. 이익을 따르고 해악을 피하고자 하는 인간의 본성을 배반하는 통치는 실패한다.

4. 「정명(正名)」에서 欲과 治

『순자』가 살고자 하고 죽음을 면하고자 하며 이익을 추구하고 해악을 피하고자 하는 인간의 욕망을 긍정하는 텍스트임은 잘 알려진 바다. 이러한 인간의 욕망은 자연이 부여한 것으로 제거할 수 없을 뿐만 아니라, 제거되어서는 안 된다. 살고자 하는 욕망이 없다면, 해악을 피하고자 하는 욕망이 없다면 인간은 죽음에 이르게 된다. 통치의 길(道)이란 인간의 욕망을 잘 인도하고 조절하는 방법에 핵심이 있다. 하늘로부터 타고난 인간의 욕망과 통치의 관계가 「정명(正名)」편에는 다음과 같이 서술된다.

다스림을 말하면서 욕망이 제거되기를 기다린다고 하는 자는 욕망을 길잡이하지는 않으면서 욕망이 있다는 것에 곤혹스러워하는 자다. 다스림을 말하면서 욕망이 적어지기를 기다린다고 하는 자는 욕망을 절제하지는 않으면서 욕망이 많다는 것에 곤혹스러워하는 자다. 욕망이 있음과 욕망이 없음은 다른 종류다. 〔욕망이 있음과 없음은〕 생사〔의 문제〕이지 치란(治亂)〔의 문제〕이 아니다. 욕망의 많고 적음은 다른 종류다. 〔욕망이 많고 적음은〕 정(情)[43]의 수〔의 문제〕이지 치란(治亂)〔의 문제〕이 아니다.[44]

『순자』에서는 이익을 추구하는 인간의 욕망이야말로 통치의 걸림돌이라는 관점을 정면으로 반대한다. 살고자 하는 욕망이 없다면 죽기 때문에 욕망을 적절하게 부양할 필요가 있다. 또 욕망이 지나쳐도 안 되기 때문에 잘 절제해야만 한다. 이익을 추구하는 인간의 욕망은 생사의 차원에서 논의될 문제다. 욕망의 많고 적음도 희로애락 등 다양한 감정의 수와 관련될지언정 잘 다스려지고 아니고의 여부와는 관련이 없다. 감정이 풍부하기 때문에 문란하고 감정을 배제하면 가지런해지는 문제가 아니다. 즉 치란(治亂)의 문제는 인간의 기본 욕구 충족과는 아무 상관이 없다. 치란은 인간의 기본적인 욕망이나 감정과는 상관이 없고, 판단의 문제, 즉 이성의 문제라는 주장이 이후에 등장한다.[45] 곧바로 이어지는 구절에서는 없어도 안 되고 지나쳐도 안 되는 인간의 욕망을 적절히 통제한다는 것의 의미를 부연 설명한다.

> 욕망은 얻어지기를 기다릴 수 없으며 〔욕망 충족을〕 구하는 자는 가능한 바를 따른다. 욕망이 얻어지기를 기다릴 수 없는 것은 하늘로부터 부여받은 바이다. 구한다면 가능한 바를 따르는 것은 마음으로부터 부여받은 바이다. 하늘의 한 가지 욕망으로부터 부여받은 바는 마음의 많은 것으로부터 부여받은 바에 제약을 받는다. 따라서 하늘로부터 부여받은 바와 동류라 하기는 어렵다.[46]

'욕망은 얻어지기를 기다릴 수 없다'는 말은 욕망이란 저절로 충족될 수 없다는 의미로 해석할 수 있다. 이는 하늘로부터 부여받은 것, 즉 인간의 타고난 본성이다. 욕망이 생기면 그것이 충족되기를 기다리지 않는다. 욕망이 생기면 마음이 욕망을 인지하고 이런저런 생각과 감정이 마음속에서 움직이기 시작한다. 따라서 인간은 욕

망을 충족할 수 있는 방법을 적극적으로 구하게 되고 현실적으로 가능한 바를 따르게 된다.[47]

한 가지 욕망도 많은 생각과 감정들에 의해 제약을 받는다. 특히 욕망과 감정은 밀접하게 연결되어 있고 대응하는 관계지만 그럼에도 일대일 대응은 아니다.[48] 식욕을 예로 들면 먹고 싶다는 욕망은 인간에게 공통된 욕망이다. 위가 비어서 식욕을 자극하는 호르몬이 분비되면 인간은 욕망이 생긴다. 생각과 감정이 없는 단순한 동물이라면 먹어서 위를 채우면 그뿐이다. 그러나 인간은 다르다. 욕망이 충족되기를 기다리기(待可得) 전에 마음에 생각과 감정이 많아지기 시작한다. 마음이 먹고자 하는 욕망을 인지하면, 좋거나 싫거나 기쁘거나 화가 나거나 슬프거나 즐거운 등의 감정(好惡喜怒哀樂)이 일어난다. 혹은 '무엇을 언제 어디서 어떻게 누구와 먹을까', '과연 먹는 것이 옳은가, 참는 것이 옳은가' 등의 생각이 생긴다. 욕망에 따른 감정은 천편일률적이지 않다. 식욕이 생기면 즐거워지기도 하고, 때로는 식욕 앞에서 슬프고 우울해지기도 한다. 따라서 식욕이 생긴다고 해서 자동적으로 먹는 행동으로 이어지지는 않는다. 슬프고 우울한 감정이 들면 식욕이 생겨도 먹지 않는다. 이런 감정이 지속되면 여윈다. 식욕이 생기면 기쁘고 긍정적인 감정이 들지만, 때로는 화가 나고 부정적인 감정이 들기도 한다. 스트레스에 시달리고 있을 때 돌연 식욕이 느껴지면 화를 돋우는 방아쇠가 되기도 한다. 식욕은 인간이면 누구나 본능으로 타고난 것이지만 마음의 상태에 제약을 받기 때문에 욕망에 따른 행동은 다양할 수 있다. 이것이 '하늘의 한 가지 욕망으로부터 부여받은 바는 마음의 많은 것으로부터 부여받은 바에 제약을 받는다'는 구절의 의미이다. 하늘로부터 식욕을 부여받았다고 해도, 식욕이 생겼을 때 자동적으로 먹는 행동으로 이어지지는 않는다. 마음에 생기는 생각과 감정은 '하늘로부터 부여받은 바와 동류라 하기는 어렵다.'[49] 『순자』에서는 나라가 잘 다스려지는 것과 인간의 욕망은 직접적인 관련이 없다고 주장한다. 마음속에서 생각과 감정이 욕망을 적절하게 제어하면 그뿐이다.

사람의 마음이 괜찮다고 판단한 것이 이치에 들어맞는 것이라면, 욕망이 비록 많다 하더라도 세상을 올바로 다스리는 데에 무슨 해가 되겠는가? 욕망은 그렇지 않은데 사람의 행동이 욕망보다 지나친 것은 마음이 그렇게 만드는 것이다. 마음이 괜찮다고 판단한 것이 이치에 어긋난다면, 욕망이 비록 적다 하더라도 어찌 세상이 어지러워지는 것을 제지할 수가 있겠는가? 그러므로 세상이 다스려지고 어지러워지는 것은 마음의 판단에 달려 있는 것이지, 감정에 딸린 욕망과는 상관없는 것이다.[50]

사람의 마음, 즉 생각과 감정이 판단한 바가 이치에 맞는지 여부가 중요하다. 욕망은 감정과 연결되어 있으므로 욕망의 많고 적음은 주로 감정을 통해서 인간 행동에 영향을 미친다. 그러나 인간의 행동에 영향을 미치는 욕망보다 중요한 요인은 마음이다. 더욱이 앞서 말한 대로 욕망이 완전히 제거되면 인간은 죽는다. 식욕이 없는 거식증 환자는 죽을 수 있기 때문에 억지로 영양을 공급해야 한다. 인간이 삶을 영위하는 바탕에는 욕망이 있다. 따라서 욕망을 제거해서는 안 된다. 또한 욕망이 제거된다고 해서 나라가 다스려지지는 않는다. 다툼의 원인은 욕망이므로, 욕망이 제거되면 다툼이 없어진다는 주장은 마음의 역할을 간과한 단순한 도식이다. 마음속 감정은 욕망에 대응하지만, 욕망과 일대일 대응은 아니다. 즐거울 때 식욕이 생기고 슬프면 식욕이 사라지는 경우도 있지만 슬프거나 화가 날 때 먹고자 하는 과도한 욕망이 생기는 경우도 있다. 또한 식욕이 생긴다고 해도 항상 먹는 행동으로 연결되지는 않는다. 감정이 먹는 행동을 막기도 하고 이성이 막기도 한다.

본성이란 하늘의 성취이고 감정이란 본성의 바탕이며 욕망이란 감정의 대응이다. 욕망하는 바로써 얻을 수 있다고 여겨 그것을 구하면, 감정은 반드시 면할 수 없다. 가능하다고 여김으로써 길잡이를 삼으면, 앎은 반드시 나온다.[51]

이 구절은 앞서 말한 내용의 요약이다. "性者天之就也 情者性之質也 欲者情之應也"는 『순자』에서 性-情-欲의 관계에 대한 정의다. 인간의 마음속에 자리한 감정은 주어진 본성의 바탕이며 욕망에 반응한다. 인간의 본성은 자연적으로 주어진 것이므로 하늘의 성취이지 인간의 성취는 아니다. 본성, 즉 하늘의 성취에 대해서는 생각할 필요 없고(不慮), 뭔가 할 필요도 없다(不爲). 하늘의 성취를 어떻게 하려 해서는 안 된다.

이러한 본성의 바탕에 호오희로애락(好惡喜怒哀樂)으로 대표되는 인간의 감정이 있다. 인간의 감정은 욕망에 대응한다. 욕망이 생기면 감정이 욕망에 반응한다. 먹고자 하는 욕망이 생기면 싫거나 좋은 감정이 반응한다. 욕망하는 바를 얻을 수 있다고 마음이 판단하면 감정이 따라가는 것은 면할 수 없다. 이는 자명하다. 감정은 마음속에 있고 마음이 판단을 내리는 데 작용한다. 마음이 내킨다는 것은 이미 감정이 쏠린다는 것이다. 특정 욕망에 대하여 마음이 가하다(可)고 판단을 내렸다는 뜻이다. "욕망하는 바로써 얻을 수 있다고 여겨 그것을 구하면, 감정은 반드시 면할 수 없다"는 구절은 앞서 인용한 "욕망은 얻어지기를 기다릴 수 없으며 [욕망 충족을] 구하는 자는 가능한 바를 따른다"와 통한다.

욕망이 충족되기를 구하는 사람은 욕망 충족이 가능한 범위 내에서 구한다. 욕망 충족이 가능한 범위라면, 즉 "욕망하는 바로써 얻을 수 있다고 여겨 그것을 구하면", 이에 응하는 감정이란 면할 수 있는 바가 아니다. 먹고 싶은 욕망이 일어났는데 욕망이 충족될 수 있는 조건에 놓여 있다면 이에 대응하는 감정을 면할 수는 없다. 식욕이 있는데 먹을 것이 앞에 놓여 있다면 이에 반응하는 감정, 예컨대 좋음, 만족감, 즐거움 등의 식욕에 대한 긍정적인 감정을 면할 수는 없다. 부정적인 감정 역시 마찬가지다. 싫고 짜증나고 우울한 감정을 면할 수는 없다. 이 점이 중요하다. 면할 수 없는 감정을 가지고 왈가왈부할 이유가 없다. 이 감정을 받아들이고 직시해야 한다.

여기로부터 앎이 나온다. "[욕망 충족]을 구하는 자는 가능한 바를 따르"기 때문에 "가능하다고 여김으로써 길잡이를 삼으면 앎은 반드시 나온다." 올바른 방법을 위해, 길잡이를 위해 지식이 필요하다. 길잡이가 잘되면 다스려질 것이고 잘못되면 어지러워질 것이다. 앞서 인용한 "다스림을 말하면서 욕망이 제거되기를 기다린다고 하는 자는 욕망을 길잡이하지는 않으면서 욕망이 있다는 것에 곤혹스러워하는 자다"라는 구절은 이러한 뜻이다.

욕망은 비록 끝까지 다 충족될 수는 없[는 성질의 것이]지만 거의 끝에 가깝게까지 충족될 수 있는 것이다. 욕망은 비록 다 제거할 수는 없는 것이지만 구함을 조절할 수는 있는 것이다. 욕망하는 바를 비록 끝까지다 충족할 수는 없지만 구하는 자는 거의 끝에 가깝게 할 수 있다. 욕망은 비록 다 제거할 수는 없는 것이지만 구하는 바를 얻지 못해도 생각(慮)이 있는 자라면 욕망을 조절하며 구한다.[52]

"욕망은 비록 다 제거할 수는 없는 것이지만 구하는 바를 얻지 못해도 생각이 있는 자라면 욕망을 조절하며 구한다(欲雖不可去 所求不得 慮者欲節求也)"라는 구절에서 알 수 있듯이, 인간은 생각(慮)이 있기에 욕망을 조절하며 욕망에 연결되는 감정을 성찰할 수 있다.[53] 앞서 인용한 「천론」의 '생각하지 않음(不慮)'이라는 구절을 상기할 필요가 있다. "그 할 바와 하지 않을 바를 알게" 된 성인(聖人)은 "그 행함에 세세한 곳까지 다스려지고 그 부양함에 세세한 곳까지 적절하게 되면 그 삶이 상하지 않는다. 이를 일컬어 '하늘을 안다(知天)'고 한다. 그러므로 큰 기교는 [억지로] '하지 않음(不爲)'에 있으며 큰 앎은 '생각하지 않음(不慮)'에 있다." 이상적인 인간으로 제시된 성인은 자연을 거스르지 않는다. 인간이 추구할 바는 자연으로부터 주어진 욕망을 억지로 제거하려 '생각하지 않음(不慮)'으로써 삶이 상하지 않도록 하는 것이다. 인간의 마음속에서 생각(慮)의 역할은 자연이 부여한 욕망을 이용할 방법(道)을 생각하는 것이다. 이러한 생각의 결과로 성인은 욕망을 충족하기 위해 예(禮)를 만들어 사람들이 쉽게 욕망을 충족할 수 있도록 하였다. 인위적인 노력(爲)을 기울여야 하는 바가 예(禮)를 통한 욕망의 성취임을 아는 것이 생각(慮)의 역할이다. 욕망 그 자체는 '큰 기교'의 영역, 즉 '하지 않음(不爲)'의 영역이다.

욕망은 제거할 수도 없지만 제거하려 해서도 안 된다. 하늘의 성취다. 인간의 성취가 아니므로 욕망에 대하여 인간이 다 알 수는 없다. 욕망에 관여하는 호르몬, 신경전달물질에 대해 인간이 다 알지 못한다. 욕망이 왜 생기는지, 왜 필요한지 다 알지 못한 채 이를 제거해야 한다는 판단의 근거는 무엇인가? 욕망에 응하는 감정을 통해서만 욕망을 알 수 있을 뿐인 인간의 앎에는 한계가 있다. 어쩌면 욕망을 제거하는 것이 조절하는 것보다 쉬울 수도 있다. 그러나 욕망과 욕망에 응하는 감정은 생사가 걸린 문제다. 설령 때때로 다스림에 방해가 된다고 해서 제거하려 해서는 안 된다. 욕망과 욕망에 반응하는 감정이 없어지면 생명이 위태로울 수 있다. 욕망의 제거는 가능·불가능의 문제가 아니라 당위의 문제다.

욕망의 제거가 아니라 욕망의 조절에 초점을 맞추는 『순자』의 관점은 『순자』의 길잡이, 방법론, 즉 『순자』의 도(道)로 수렴한다. 「정명」편에 나타난 욕망론은 도에 대한 정의로 끝을 맺는다. 천하의 모든 일이 그렇듯 욕망 또한 충족이 용이한 국면에서는 거의 끝까지 추구해도 되지만 충족이 어려운 국면에서는 조절하면서 추구하면 되는 것이다.

길잡이(道)란 나아갈 때에는 끝에 가깝게까지 하고 물러날 때에는 조절하며 구한다. 천하에 이와 같지 않은 것이 없다.[54]

『순자』의 욕망론을 한 문장으로 요약하면, 인간의 욕망이란 자연이 부여한 것이어서 제거되어서는 안 되며 오히려 잘 충족되어야 하므로 욕망의 길잡이(道)가 중요하다는 것이다. 다스림의 초점은 욕망의 길잡이에 맞추어져야 한다. 길잡이란 밀고 나아가야 할 때에는 끝까지 가지만 물러나야 할 때에는 조절이 중요하다는 것이다. 인간이란 욕망에 기계적으로 반응하는 존재가 아니라 마음속에 여러 생각과 감정을 떠올리며 종합적으로 판단하는 것이 가능한 존재다.

자연이 부여한 욕망을 적절히 통제하며 욕망을 충족하는 것을 『순자』의 용어로 양생(養生)이라 할 수 있다. 양생은 흔히 도교 혹은 도가철학의 전유물로 알려져 있지만, 『순자』에도 여러 번에 걸쳐 등장하는 용어다.[55] 앞서 인용한 「예론」에서처럼 글자 그대로 '삶을 부양함'이라 번역되며 인간의 몸, 감각기관 등이 지닌 물리적·생물학적 욕망으로 대표되는 인간의 욕망 충족을 가리킨다. 『순자』에서는 예(禮)란 곧 부양(養)이므로 예는 욕망을 충족하기 위한 제도적 장치이면서 동시에 양생을 위한 제도적 장치라고 할 수 있다.[56] 욕망 충족을 위한 제도적 장치이면서 양생을 위한 제도적 장치로 예

(禮)를 바라보는 관점은 『순자』 외에 『여씨춘추』, 『회남자』 등 다른 문헌에서도 확인할 수 있다.[57)]

5. 결론

"본성이란 하늘의 성취이고 감정이란 본성의 바탕이며 욕망이란 감정의 대응이다. 욕망하는 바로써 얻을 수 있다고 여겨 그것을 구하면, 감정은 반드시 면할 수 없다. 가능하다고 여김으로써 길잡이를 삼으면 앎은 반드시 나온다"는 구절에 『순자』의 욕망론의 핵심이 집약되어 있다. 『순자』에 비록 성악(性惡)이라는 표현이 나온다고 해도, 성악설의 근거를 위의 구절에 비추어보면, 본성의 탈도덕화에 가깝다. 알려진 대로, 『순자』의 성악은 본성이 악하다는 뜻이 아니라, 본성이 선(善)하다고 볼 근거가 없다는 뜻이다. 자연이 부여한 인간의 본성(性)과 본성의 바탕이 되는 감정(情), 그리고 감정이 응하는 욕망(欲)은 물리적·생물학적 인간의 삶에 필수불가결한 조건이다. 인간이 살아가기 위해 욕망은 제거는커녕 부양되어야 하며 욕망에 응하는 감정 역시 억압하고 부정하기보다는 잘 인도되어야 한다. 예(禮)의 목적은 욕망의 부양(養)이며 욕망의 부양은 삶의 부양, 곧 양생(養生)이다.

『순자』에서 가장 중요한 개념인 예(禮)가 욕망(欲)을 제거하거나 억누르기 위해 만들어진 것이 아니라 욕망을 부양하기 위해 만들어졌다는 점으로 미루어볼 때, 『순자』에서 욕망과 감정은 적어도 인간의 도덕 실천을 방해하는 요소로 죄악시되지는 않는다. 또한 희로애락의 감정(情)이 자연으로부터 부여받은 천정(天情)임을 강조한 점으로 미루어볼 때, 인간의 감정, 욕망, 본성 자체는 치란(治亂)의 영역, 다시 말해 도덕의 영역이 아니라, 가치중립의 영역, 탈도덕의 영역이다. 치란의 영역, 도덕의 영역은 욕망을 부양하는 방법, 곧 도(道)의 영역이다. 욕망을 충족하고자 하는 자유롭고 평등한 사람들이 예(禮)라는 길잡이(道)를 통해 개개인의 욕망을 잘 충족한다면 선(善)에 해당하며 그러지 못하여 서로 다투고 욕망을 잘 충족할 수 없다면 악(惡)에 해당한다. 서론에서 제기한 질문, "욕망을 가진 존재로서 인간이 자신과 평등한 다른 인간들 사이에서 자신의 자유를 욕망 충족을 위해 사용할 때 어떤 일이 생기는가?"에 대한 『순자』의 답변은 결국 예(禮)로 수렴한다. 신분의 고하, 연령, 성별을 막론하고 욕망 앞에 평등하고 자유로운 인간은 개개인의 욕망 충족을 위해 예의 길잡이를 따른다.

『맹자』 중심의 공동체주의로 대표되는 동양철학에서 불교 사상을 제외하고 다른 사상적 전통은 최근까지도 주목받지 못했다. 특히 『순자』, 『묵자(墨子)』 등 선진(先秦)철학의 주요 문헌들에 대한 연구는『맹자』를 중심으로 한 성리학적 시각을 벗어나기 어려웠다. 그럼에도 불구하고 동양철학 연구의 양적·질적 성장에 힘입어 본 연구의 주장을 뒷받침하는 연구성과들을 제시할 수 있게 되었다. 현대사회의 문제들에 대하여 다양한 사상적 전통으로부터 여러 가지 접근이 제시되는 가운데, 본 연구는『순자』를 통해 동양철학 내의 사상적 다양성을 모색하고자 하였다. 나아가 개인주의를 기반으로 한 현대 자유민주주의 사회에서 서양철학이 아닌 동양철학의 전통으로부터 개인성, 자유, 평등의 의미를 재해석하는 연구에 기여할 것으로 기대한다.

3

선진(先秦) 철학에서 利 중심 인성론에 대한 소고

—『관자(管子)』, 『상군서(商君書)』를 중심으로

1. 서론: 자연 상태에서 인간의 욕망

『순자』는 자연 상태에서 모든 인간에게 공통된 욕망을 윤리의 출발점으로 제시한 문헌이다. 나이, 성별, 신분을 막론하고 모든 인간은 삶과 직결된 욕망을 충족하고자 하며 또 충족해야 한다. 모든 인간의 욕망 충족이 안정되게 이루어지기 위해 사회제도가 필요한데, 이 사회제도가 바로 예(禮)이다.

인간에게는 한 가지 공통된 바가 있다. 굶주리면 먹기를 욕망하고 추우면 따듯하기를 욕망하고 노동하면 쉬기를 욕망한다. 이익을 좋아하고 해를 싫어한다. 이것은 인간이 태어나면서부터 갖게 되는 바다. 이것은 (성장하기를) 기다림이 없이도 그러한 것이다. 이것은 (성군인) 우(禹)나 (폭군인) 걸(桀)이나 공통된 바다.[58]

예는 무엇으로부터 시작되었는가? 말하자면, 인간의 삶에 욕망이 있다는 것이다. 욕망이 충족되지 못하면 갈구하지 않을 수 없다. 갈구하는데 수량의 정도나 영역의 구분이 없다면 다투지 않을 수 없다. 다투면 혼란스럽고 혼란스러우면 궁핍해진다. 선왕께서 그 혼란을 싫어하셔서서 예의(禮義)를 제정하셔서서 그것으로써 나누고(分), (나눔으로써) 사람의 욕망을 부양(養)하였다.[59]

『순자』「예론(禮論)」편에서는 예(禮)를 욕망의 부양(養)이라 정의하고 있다.[60] 욕망을 부양하고 충족하기 위한 제도로서 예를 강조하는 관점보다는 욕망을 제어하고 교화하는 장치로서 예를 부각하는 관점이 과거로부터 주류를 이루어왔다.[61] 정우진은 예를 욕망을 부양하기 위한 제도가 아니라 욕망을 제어하기 위한 제도로 해석했다. 그는 『순자』에서 예가 양생을 위한 제도로 제시된 점에 대하여 "인사를 하고 답례를 하는 등의 예의를 통해 양생에 이를 수 있을까?"라는 의구심을 갖는다. 그는 예를 양생의 방법으로 제시하는

『순자』의 주장이 "너무나 단호해서 당황스러울 정도"라고 말하면서 『순자』의 주장을 부정한다. 그는 양생에 대하여 "욕망을 제어함으로써 장수를 얻을 수 있다고 하는 부정적인 조건"이 아니라 "긍정적 요인"을 제시하고자 했으며 그것이 성(誠)이라고 주장한다. 이는 그가 애초에 욕망의 제어에 초점을 맞추어 예를 해석했기 때문이다.

욕망의 부양에 초점을 맞추어 예를 해석하면 『순자』의 '단호한 주장'에 무리가 없다. 『순자』의 주장대로 예는 '부정적인 조건'이 아닐 뿐만 아니라, "인사를 하고 답례를 하는 등의 예의를 통해 양생에 이를 수" 있다.[62] 김상래는 욕망 충족 기능을 언급하면서도 "인간의 욕망을 제한하는 장치"라고 하여 두 관점을 구별하지 않았다.[63] 그러나 욕망의 충족과 욕망의 제어는 정반대의 관점이므로 '어느 쪽에 초점을 맞추어 예(禮)를 해석하는가'의 문제는 『순자』 철학 체계의 해석에서 중요한 문제다. 욕망에 관해서는 노덕빈·이해영의 관점이 본 연구의 관점에 가깝다. "사람의 정욕에는 선악이라는 것이 없을 뿐만 아니라, 그것은 근본적으로 자연 합리성을 구비하고 있는 존재이다. 왜냐하면 순자에서 보면 사람의 본성, 즉 듣고, 보고, 먹고, 마시려는 욕망은 사람의 본질적인 구조로서 그것은 天에 속하는 성질을 구비하고 있기 때문이다."[64]

『순자』에 따르면, 예는 이상적인 인간인 성인(聖人)이 인간의 욕망을 부양(養)하기 위해 만들었다고 한다. 류희성은 이에 대하여 "예는 성인이 만든 것이라고 하지만 이것은 사실 하나의 은유적 표현에 불과하다. 예는 한 명의 빼어난 천재인 성인이 만든 것이 아니라 면면히 내려온 오랜 인류의 역사·문화적 발전을 통한 인류의 경험과 지혜가 결집되어 형성된 것이다"라고 설명한다.[65] 근거는 다음과 같다. "순자는 예의 작용은 사회질서를 확립하는 것으로 당연히 사회구조나 인간의 사유능력에 영향을 받는 것이라 생각한다. 다시 말해 예의 의미는 시대의 변천에 따라 바뀌게 마련이고 아울러 인간의 지적 사유능력의 진보에 따라 기존의 예의 내용도 바뀐다. 그러므로 시대의 변화에 맞춰 새로운 근거를 예에 부여해야만 사회변천에 따른 필요성에 적용할 수 있다. 바로 이 점에서 순자는 예가 성인의 후천적인 인위활동에 의해 만들어진 것일 뿐만 아니라 실정(혹은 인간의 정서)에 맞춰 만든 것이라 한다."[66] 류희성의 관점은 예의 정당성을 역사와 문화에서 찾는 관점으로, 시대 변화에 맞춰 현실에 맞게 예의 내용이 변화한다는 점을 강조한다. 모든 인간에게 공통된 욕망을 부양하기 위한 목적으로 만들어진 제도적 장치가 예라면, 시대의 변화에 따라 욕망을 부양하는 방법이 달라져야 하는 것은 당연하다.

모든 인간이 생물학적 욕구 충족을 포함하여 자신의 이익을 추구하고 해악을 피하려 하는 본성을 가지고 있으며 이러한 욕구 충족을 안정적으로 유지하기 위해 사회제도가 만들어졌다는 『순자』의 관점은 법가(法家) 문헌에 공통적으로 나타난다.[67] 『한비자』에서는 법을 독점하는 군주의 역할이 강조된다. 모든 인간이 자신의 개인적 이익을 위해 행동하는 본성을 가지고 있기에 법치가 가능하다. 신하와 백성이 법을 따르도록, 통치자는 인간의 본성을 이용한다. 법을 따르면 이익을 주고 법을 어기면 해악이 가도록 한다. 만약 인간이 이익을 따르고 해악을 피하고자 하는 인간의 본성에 따라 욕망을 충족하려 하지 않는다면, 인간에게서 이러한 욕망이 제거된다면, 상벌에 의지하여 법을 집행하기는 어려울 것이다. 해를 피하고자 하는 욕망이 제거된 사람이라면, 법을 어겨 벌을 받게 되어 자신에게 해가 되는 행동이라도 개의치 않을 것이다. 『한비자』의 법치에서 인간의 욕망은 법치를 작동하게 하는 전제이지 법치를 위해 제거되거나 억압되어야 하는 방해물이 아니다.

『한비자』에서 법치의 방해물은 욕망(欲)이 아니라 사사로움(私)이다. 법의 핵심은 공공성(公)이다. 공공성은 통치자를 포함하여 그 어떤 특정 개인이나 집단의 판단, 이익에 좌우되지 않는다. 사사로움(私)이란 법이 법대로 집행되지 못하고 특정 개인의 자의적 판단과 이익에 따라 왜곡되거나 유명무실해지는 상황을 가리킨다. 백성은 이익을 따르고 해악을 피하고자 하는 욕망이 있다. 신하가 백성에게 법을 집행하는 대신 자신이 사사로이 권력을 행사하면, 해악을 피하고자 하는 백성은 두려워서 따르지 않을 수 없다. 법보다 주먹이 가까운 경우다. 따라서 통치자는 법을 실제로 집행하는 신하가 자신의 이익을 위해 법을 사사로이 집행하지 않는지 늘 의심해야 하며 신하를 친하게 여겨서는 안 된다. 심지어 가족조차도 의심해야 하며, 그들이 통치자와의 관계를 구실로 권력을 행사할 수 있기에 가깝게 여겨서는 안 된다.

『한비자』에서 올바른 통치와 관련된 내용의 상당 부분이 이 사사로움에 대한 경계다. 오직 통치자만이 저울, 즉 권력(權)을 독점한다. 신하들의 사적 권력이 아니라 오직 법으로 세상을 다스리기 위해, 통치자는 인간으로서의 욕구를 비워야 한다. 텅 빈 상태여야만 공정한 저울질을 할 수 있기 때문이다. 통치자는 법을 위해 인간의 본성을 초월해야 할 뿐만 아니라, 혼자여야만 한다. 『순자』에서 성인이 예를 제정하여 인간의 욕망 충족을 제도화했다면, 『한비자』에서는 통치자인 군주가 신하들의 사적 권력을 제압하고 공정한 저울질로 법치를 실현하여 백성들의 욕망 충족을 보장했다.

인간의 욕망 충족을 위한 통치를 위해, 『순자』에서 통치자인 군주는 믿을 만한 신하를 반드시 두어야 하는 반면, 『한비자』에서 군주는 믿을 만한 신하는커녕 그 누구도 믿어서는 안 된다. 『한비자』에서는 인간이 욕망을 추구하는 존재라는 전제하에 상벌을 도구로 법이 작동한다. 통치자 한 사람을 제외하고 신하와 백성은 자신의 욕망을 추구하는 존재다. 다시 말해 신하와 백성은 자신의 욕망을 추구할 자유가 있는 반면, 통치자는 이러한 욕망으로부터 자유로운 존재, 즉 욕망에 따라 행동하지 않는 유일한 존재다. 신하와 백성은 법의 길잡이를 따라 욕망을 추구하면 된다. 욕망으로부터 자유로운 통치자가 법치를 위해 해야 하는 노력의 상당 부분은 법의 길잡이를 무력화하는 사사로움이 개입되지 못하도록 감시하는 일이다.

『순자』 및 『한비자』에 대한 선행 연구의 연장선상에서 본 연구는 내용 면에서 『순자』, 『한비자』와 관련이 깊은 『관자』, 『상군서』에 초점을 맞추어[68] 자신의 욕구 충족을 위해 살아가는 개인들과 사회 제도의 관계를 좀 더 살펴보고자 한다. 『순자』에서 利 중심 인성론은 소위 '성악설'이라는 주제로 정립되어 있다. 『순자』에 대한 연구와는 달리 『한비자』에서 인성론은 독립된 연구주제는 아니지만, 기존 연구성과를 살펴보면 인성론과 관련된 내용을 찾을 수 있다. 두 문헌에 대한 연구성과와 비교해 『관자』, 『상군서』에 대한 연구성과는 적다. 그러나 기존 연구성과를 살펴보면 『관자』와 『상군서』가 다양한 분야에서 풍부한 연구자료를 제공하는 문헌임을 알게 된다. 본 연구에서는 『순자』, 『한비자』와의 비교를 통해 『관자』, 『상군서』에서 利 중심 인성론의 특징을 살펴보고자 한다.

2. 『관자』에서 利 중심 인성론의 전개

신정근은 『관자』 사편(四篇)[69]에서 심(心)을 두 차원으로 나눈다. "하나는 심이 기호와 욕망으로부터 영향을 받는 심욕(心欲) 층차이고, 다른 하나는 심이 도와 일치해 기호와 욕망의 위력을 완전하게 통제하는 심도(心道)의 층차이다."[70] 이렇게 구분하는 근거가 되는 구절은 다음과 같다.[71]

마음(心)이 道를 머금어 서로 분리되지 않으면 사람의 감각기관인 구규(九竅)도 각자의 이치에 순응한다. 반면 무엇을 좋아하고 뭔가를 하고 싶은 기욕(嗜欲)이 가득 차고 늘어나게 되면 눈은 색을 제대로 보지 못하고 귀는 소리를 제대로 듣지 못한다.[72]

눈과 귀는 보고 듣는 기관이다. 마음이 보고 듣는 일에 개입하지 않으면 기관마다 각기 그 직분을 지킬 수 있다. 마음(心)에 하고자 하는 것(欲)이 있는 사람은 사물(대상)이 앞에 지나가더라도 눈에 보이지 않고 소리가 들리더라도 귀에 들리지 않는다.[73]

윤지원의 심(心)에 대한 해석도 신정근과 통한다. 우선 그는 심을 신체의 일부로서 유형의 심과 사유 주체인 무형의 심으로 구분하는데, 이를 '심의 이중적 의미'라 부른다. 그는 「내업(內業)」편에 나오는 "心이 心 속에 깃들어 있으니, 心 가운데 또 생각하는 心이 있는 것이다"[74]를 인용하며, "이러한 심의 중층적 함의는 '생명체로서의 인간'에 주목하느냐 아니면 '사유 주체로서의 인간'에 주목하느냐 하는 차이에서 비롯된 것이다"[75]라고 말한다. 이러한 심의 이중성은 "심에서 제거되어야 하는 욕구"와 그렇지 않은 욕구의 구분으로 연결된다. "『관자』 사편은 인간의 모든 욕구를 부정하지 않으며, 인간의 일반적인 욕구는 부정의 대상이 아니다. 心에서 제거되어야 하는 욕구는 이를 넘어선 '지나친 욕구'를 뜻한다."[76] 이러한 구분은 신정근의 구분과 통하며, 근거로 인용되는 구절은 신정근이 인용한 부분과 같다.[77]

인간의 욕망 추구에 대한 긍정과 욕망 추구를 적절히 조절해야 할 필요성, 이 두 가지는 『순자』, 『한비자』, 그리고 『관자』에서 공통된 관점이다. 『순자』에 대한 선행 연구들에서도 욕망을 부양하는 예(禮)의 기능에 초점을 맞출 것인가, 아니면 욕망을 제어하는 예의 기능에 초점을 맞출 것인가에 따라 『순자』 철학에 대한 해석이 달라지듯이, 『관자』에서도 심(心)의 어떤 기능에 무게를 둘 것인가에 따라 『관자』에 대한 해석이 달라질 수 있다. 신정근과 윤지원은 "심이 도와 일치되어 기호와 욕망의 위력을 완전하게 통제"하여 "사유 주체로서의 인간"이 되게 하는 심의 기능을 강조한다. 이러한 관점에서『관자』사편을 보면, "심이 기호와 욕망으로부터 영향을 받'아 "생명체로서의 인간"이 생명을 유지하고 살아갈 수 있도록 하는 기능은 심의 기본적인 기능이기는 하지만, "인간의 일반적인 욕구"를 넘어서는 욕구를 심으로부터 제거하려는 노력에 무게중심이 실린다. 이은호 역시 心의 이중 구조에 주목했다. 그는 "형태로서의 외형적인 심과 도(道)를 간직한 본질로서의 심"[78]을 구분했는데, 이는 신정근의 관점과 유사하다.

『관자』의 정치·경제 사상, 소위 경세론에 초점을 맞춘 연구들 역시 인간 개개인의 욕망 통제가 통치에 중요하며 이 기능을 법이 담당한다고 본다.『관자』의 핵심이 '부국강병(富國强兵)'에 있다고 보는 신창호는 "『관자』에서는 인간을 공동의 이익을 추구하는 존재로 보지 않고 개인의 욕망을 충족하는 존재로 보았다. 그리하여 국가를 관리하는 데 필요한 것으로 도덕 교화와 윤리 규범을 강조하였다."[79] 장승희의 관점은『관자』가 "국가를 관리하는 데 필요한 것으로 도덕 교화와 윤리 규범을 강조"했다고 보는 신창호의 관점과 유사하다. 그러나 논리는 조금 다르다. 그는 이익(利)을 개인의 욕망이 아니라 "국가 공동체의 利"로 보고 "이를 위한 운영 원리와 방법 중 하나"를 義로 보아 "부국강병 추구의 논리를 윤리적 측면에서 분석"[80]하였다. 윤대식은『관자』가『상군서』,『한비자』에서 말하는 법치론의 동어반복이 아니라 내용 면에서는 "유가에서 제시하는 왕정"[81]에 가깝다고 주장한다. 그에 따르면, 『관자』에서 "인식은 현실의 이기적인 인간을 상정하고 법치(法治)야말로 군주의 애민(愛民) 실현을 위한 방법론"이다. 그의 이러한 주장의 의미는 다음과 같다.

인간의 성향에 대한 통찰로부터 "좋아하는 것을 가까이하면 바라지 않을 수 없고 멀리하면 잊을 수 없는 것은 인정이 모두 그러하다. 그러나 좋아하고 싫어하는 것이 서로 같지가 않아서 각각 원하는 것을 추구하여 안위가 다른 뒤에야 현명함과 어리석음이 드러나기"에 법이 바로 백성을 사랑하고(愛民) 통일(一民)하는 것으로 판단했기 때문이다.[82]

심우섭의 관점 역시 윤대식과 유사하다. 그는 "법가로서의 덕치주의(德治主義)"라는 표현을 사용하여 법가와 『관자』의 차이를 설명한다. 그에 따르면 『관자』의 정치사상은 "공자의 정명사상(正名思想)"[83], 禮와 義의 강조 등 유가와 유사하며, "덕치주의와 법치주의를 하나로 병행"[84]하는 데 핵심이 있다. 그는 "禮의 참뜻은 인간의 행위를 규칙에 맞게 함, 곧 분수 있는 행위를 함을 뜻한다. 즉 계급제도의 규칙에 알맞게 따르는 것이다. 그리고 법칙은 계급제도의 여러 질서 규정을 법률조항과 같은 형식으로 만들어서 사회 구성원으로 하여금 계급제도 속에서 규범을 확고하게 지키도록 하는 강제 통용력을 가진다"[85]라고 예와 법의 관계를 설명하며 개인에 대한 통제와 강제성에 초점을 맞춘다. 장승구는 『관자』의 철학을 법가와 구분하는 대신, "도가의 도, 유가의 예의, 법가의 법을 아우르는 융합적 특성"[86]에 초점을 맞춘다. 이익을 따르고 해를 피하려는 인간의 욕망을 인정하면서도 예(禮)를 통한 통제를 강조하[87]여 심우섭과 유사한 논점을 보인다. 언급된 연구 외에도 『관자』의 정치·경제 사상에 초점을 맞춘 연구들은 대개 유사한 논점을 보인다.[88]

『관자』의 정치사상은 유가와 마찬가지로 백성을 중시하는 민본사상을 견지하고 있다. 그러나 인성에 대한 인식이 다르므로 그에 따른 결론은 유가와 완전히 반대된다. 『관자』에서는 인성에 대하여 자연주의적 입장을 견지하였다. 즉 백성의 진실한 감정은 삶을 좋아하고 죽음을 싫어하며 이익을 좋아하고 해로움을 싫어한다. 안일을 좋아하고 수고로움을 싫어하며 부귀를 좋아하며 빈천을 싫어한다. 따라서 『관자』 정치이론의 출발점은 추상적인 선단(善端)이 아니라 이익을 좋아하고 해로움을 싫어하는 인간의 자연 본성이다. 인성에 대한 관점이 이와 같은 까닭에 정치를 하는 사람은 그런 인간의 자연 본성을 만족시키는 것을 우선으로 한다. (중략) 그런데 『관자』의 정치관은 이익을 추구하고 해로움을 싫어하는 인성론을 주장하고 법치를 실행하여 형벌에 의해 해로움을 단속하는 데 있어서 다른 법가 학파들과 마찬가지다. 그러나 그들은 나라를 다스리는 데 있어 민심의 향배를 중시하고 '상'을 더욱 많이 채용하여 이로움으로 이끌어줌으로써 사람의 마음을 격려하고 통치자는 치국의 목적에 도달하고자 하는 것이다. (중략) 군주의 인성은 신하 또는 백성들과는 달리, 허정한 道의 속성을 체득하여 정인지도(靜因之道)로써 국가정책에 임하고 백성을 다스리는 것이며 이욕(利慾)에 의하여 조정되지 않아야 한다는 것이다. 이욕에 의하여 조정되면 남의 다스림을 받는 위치에 있을 뿐이다.[89]

정용미는 『관자』에서 군주에 관하여 "허정한 道의 속성을 체득하여 정인지도로써 국가정책에 임하고 백성을 다스리는 것이며 이욕(利慾)에 의하여 조정되지 않아야 한다는 것"이라고 말하며, 이는 법가 문헌들이 공유하는 내용으로 소위 '직하황로학'의 학문적 특징이라고 본다.[90] 김희정 역시 도가철학의 관점에서 『관자』 사편을 분석했다. 그는 몸의 수양에 초점을 맞춘 사상, 곧 치신(治身)[91] 사상을 도교의 구원론으로 보고, "초기 도가 문헌 중에서 치신 사상이 가장 강하게 드러나 있는 『관자』 사편"[92]을 분석하여 『관자』 사편이 "도교 치신 사상의 원형"[93]임을 보인다. 몸에 초점을 맞추어 『관자』 사편을 분석한 연구는 박현애[94], 박석준·최승훈[95] 등 주로 한의학에서 이루어졌다. 박현애는 『관자』 사편의 心을 정치적 의미의 심, 수양의 의미로서의 심, 생리적 의미로서의 심으로 구분하였

다.[96)]

이상에서 살펴본 『관자』의 욕망론은 그 서술 방식이 『한비자』보다는 『순자』에 가깝다. 이익을 부르고 해를 없애고자[97)] 하는 욕망에 대해 『관자』에는 다음과 같이 서술되어 있다.

> 무릇 사람의 심정(心情)은 원하는 것을 얻으면 즐거워하고 싫어하는 것을 만나면 근심하니 이것은 귀한 사람이나 천한 사람이 똑같이 지니고 있는 것이다. 좋아하는 것을 가까이하면 바라지 않을 수 없고 멀리하면 잊을 수 없는 것은 인정(人情)이 모두 그러하다. 그러나 좋아하고 싫어하는 것이 서로 같지 않아서 각각 원하는 것을 추구하여 안위(安危)가 다른 뒤에야 현명함과 어리석음이 드러난다.[98)]

이 구절에서 인간의 욕망 외에 법의 또 다른 필요성이 드러난다. 개개인의 차이다. 이 둘은 법의 필요성 중 가장 중요한 부분인데, 전자는 인간의 동질성에, 후자는 인간의 이질성에 기인한다. 인간에게는 이익을 따르고 해악을 피하려 하는 공통된 욕망이 있는데, 이와는 별개로 좋아하는 것을 얻으면 즐거워하고 싫어하는 것을 만나면 기분이 나빠지는 희로애락의 감정이 있다. 안위와 관련된 인간의 욕망은 희로애락과 비교해 개인차가 적다.[99)] 추위와 더위, 배고픔 등 안위와 관련된 기본적인 삶의 조건에 비하여, 이 범위를 넘어서는 조건들, 예컨대 일상생활의 적정 온도, 포만감을 느끼는 정도, 맛의 선호도, 필요한 재산 정도, 원하는 직업, 취미 등에는 상당한 개인차가 존재한다. 돈 싫어하는 사람은 없다고 하지만 누구나 재벌이 되고 싶어하지는 않으며, 명예욕이 있다고 해도 누구나 대통령이 되고 싶어하지는 않는다. 좋아하고 싫어하는 것의 차이, 원하고 원하지 않는 것의 차이뿐만 아니라, 현명한 사람과 그렇지 않은 사람, 능력 있는 사람과 그렇지 않은 사람의 차이도 중요하다. 어리석고 능력이 모자란 사람도 이익을 따르고 해악을 피하고자 하는 기본적인 욕망이 있고 이를 충족하고자 한다. 좋아하는 것, 원하는 것을 추구한 결과 자신에게 해악이 미치는 일이 있다. 그럼에도 누구나 어느 때나 현명할 수는 없으며, 오직 결과만이 현명한 선택과 어리석은 선택을 가를 수 있을 뿐 예측하기 어려운 경우도 허다하다. 개개인이 가진 안위에 대한 욕망을 충족하면서 개인차에 따른 위험을 최소화하는 방법(道)이 법과 예다. 법과 예로 길을 안내받으면 자신의 판단과 선호에 따른 위험을 최소화하면서 안위를 보장받을 수 있다. 이는 『상군서』의 구절 "법으로 백성을 갖추어준다(所以備民也)"와 통한다.

인간의 공통된 욕망과 별개로 개개인의 선호와 능력에 존재하는 개인차로 야기된 문제를 해결하기 위해 법이 필요하다. 이러한 법치의 효과에 대한 설명이 위 인용문에 이어진다.

허황된 노력을 하지 않고 무익한 일을 하지 않기 때문에 뜻이 굳게 정해져서 한때의 의기와 감정에 미혹되지 않는다. 의기와 감정에 미혹되지 않으면 귀와 눈이 밝고 의식이 풍족하다. 귀와 눈이 밝고 의식이 풍족하면 침범하고 다투는 일이 생기지 않아 원망과 노여움이 있지 않고, 위아래가 서로 친하여 무력을 쓰지 않을 것이다.[100]

상황에 맞는 법과 예가 길잡이가 되어준다면, 개인 간의 다툼, 계급 간 갈등, 국가 간 전쟁을 막을 수 있다. 이 논리는 『한비자』의 논리와 유사하다.[101] 이익을 따르고 해를 피하려는 인간의 욕망이 충족되려면 개인 간 다툼, 국가 간 전쟁이 있어서는 안 된다. 법과 예는 다툼과 전쟁을 막아서 개인이 자신의 이익을 도모할 수 있도록 하는 장치다. 특히 국가 간 전쟁이 개인의 이익 추구를 막아서 개인이 곤궁해지고 국가 재정은 피폐해지는 상황에 대한 경계는 『한비자』, 『관자』를 비롯하여 여러 선진철학 문헌들에서 확인된다.

3. 『상군서』에서 利 중심 인성론의 전개

『상군서』에 관한 기존 연구들은 대개 개인의 이익과 상반되는 엄격한 법이라는 관점에서 『상군서』를 설명한다. 인간의 이기적 본성을 통제하는 수단으로 법은 "백성의 이익을 무시한 채 군주 또는 국가만을 위해 존재"[102]하는 관료제를 낳았고 "유가의 도덕정치(德治)를 반대하고 철저한 법치(法治)"[103]를 시행하는 기초가 되었다거나 "순수한 법치를 통한 부국강병을 역설한 상앙의 법치관은 분명 여타의 법가 사상가들과는 달랐다"[104]고 본다. 그런데 『상군서』에 관한 연구들의 구체적인 내용을 들여다보면, 같은 법가로 분류되는 『관자』, 『한비자』뿐만 아니라 『순자』와도 기본 논리 구조에서 크게 다르지 않다는 점을 발견하게 된다. 『관자』, 『한비자』와 마찬가지로 『상군서』에서도 상벌로 백성에게 법을 적용하는데, 이는 "이익을 추구하고 손해를 회피하는 백성들의 이해타산적인 성정(性情)을 법치에 이용한 것"[105]이다. 조원일은 『상군서』에서 법이 언급된 여섯 구절의 내용을 분석했는데, 그 여섯 구절은 다음과 같다.[106]

법령이란 백성에 대한 명령이요, 국가통치의 근본이요, 백성을 보호하는 도구입니다.[107]

법이란 군주와 신하가 같이 준수하는 것입니다.[108]

법이란 백성을 아끼는 방법입니다.[109]

백성을 제어하는 근본은 법입니다.[110]

무릇 군주는 덕행이 다른 사람들보다 뛰어난 것도 아니고, 지혜가 사람들보다 뛰어난 것도 아니며, 용기와 역량이 사람들보다 뛰어난 것도 아닙니다. 그러나 백성들은 비록 성인의 지혜를 지녔다 해도 감히 나를 도모하지 못하고, 용기와 역량이 있다고 해도 감히 나를 죽이지 못하며, 비록 수가 많다고 해도 감히 그들의 군주를 제압하지 못하고, 비록 백성의 수는 억만에 이르지만 중후한 상을 내걸어도 백성들이 감히 다투지를 않고, 형벌을 시행해도 백성들이 감히 원망하지 않는 것은 법이 있기 때문입니다.[111]

성인이 가지고 있는 타고난 성품은 다른 사람에게 옮길 수 없지만 그래도 공덕을 이룰 수 있는 것은 법치 때문입니다.[112]

『상군서』에서 말하는 법치의 논리 구조를 파악하기 위해 조원일이 인용한 구절들을 중심으로 『상군서』의 내용을 좀 더 살펴볼 필요가 있다. 『상군서』에서 통치는 오직 법에 의해 이루어진다. 조원일은 "위에서 법을 버리고 백성들이 잘한다고 하는 것을 임의로 하기 때문에 간사함이 많아진다"[113]라는 구절을 인용하며, 백성들이 좋아하는 것, 여론이 아닌 법에 의한 통치를 강조한다. "최고의 덕을 논하는 사람은 세속에 응하지 않고 큰 공을 이루려는 사람은 대중과 도모하지 않는다"[114]라는 구절은 세속에 영합하여 대중과 함께 의사결정을 해서는 안 된다고 경고한다. 법이란 군주와 신하, 백성에게 모두 해당된다. 특히 "법이란 군주와 신하가 같이 준수하는 것"이어야만 한다. 그러나 법을 실제로 적용하는 저울질(權)은 오직 군주만이 행할 수 있다. 즉 권력이란 군주에게만 해당되는 것이므로 다른 사람들과 나눌 수 없으며 대중의 인기에 영합하고 여론에 휩쓸려 권력을 나누고자 해서도 안 된다. 이는 『한비자』에서 법에 의한 저울질, 즉 권력(權)의 논리와 같다.

> 국가는 세 가지로써 다스린다. 첫째는 법률(法), 둘째는 신용(信), 셋째는 권력(權)이다. 법률이라는 것은 군주와 신하가 함께 잡고 있는 것이다. 신용이라는 것은 군주와 신하가 함께 서는 곳이다. 권력이라는 것은 군주가 홀로 제약을 받는 것이다.[115]

법에 의한 통치에서는 군주도 예외가 아니다. "신하들은 항상 군주가 좋아하는 것을 좋아하게 된다. 즉 군주가 법을 좋아하면 신하들 역시 군주를 따라서 법을 좋아하게 되어 결국에는 군주와 신하 모두가 법으로써 표준을 삼아 백성들을 통치할 때 적용하는 기본 공식으로 적용하게 된다는 것이다."[116] 『상군서』에서 법치는 신하들의 사사로움뿐만 아니라 군주의 자의적 통치 또한 제한한다. "형벌을 시행해도 백성들이 감히 원망하지 않는 것은 법이 있기 때문"이다.

『상군서』에서는 군주의 자의적 통치나 신하의 사사로움이 철저히 배제되고 오직 법에 의해 일을 처리해야 하므로 상황마다 상황에 따른 법이 필요하다. 『상군서』 역시 이익을 취하고자 하는 인간의 본성이 논의의 출발점이므로 백성의 이익을 위한 국가의 정책이 곧 통치이며 이러한 정책이 잘 시행되어 백성들의 이익이 보장될 때 '다스려진다(治)'라고 한다. 따라서 상황에 따라 이익을 추구하는 방법(道)이 바뀌어야 함은 물론이고, 그 방법이 여러 가지일 수도 있다. 백성의 이익을 위해 법을 바꾸고 관례를 바꾸는 일은 당연하다.

> 법이라는 것은 (법으로써) 백성을 아끼는 것이며 예라는 것은 (예로써) 일을 편하게 하는 것이다. 이러한 까닭에 성인은 국가를 강하게 할 수 있다면 옛것을 본받지 않고, 백성을 이롭게 할 수 있다면 관례를 따르지 않는다.[117]
> 세상을 다스림에 한 가지 방법만 있는 것이 아니고 국가를 바꿔가는 데 반드시 옛것을 본받을 필요는 없다.[118]
> 지혜로운 자는 법을 만들고, 어리석은 자는 법에 제약을 받는다. 현명한 사람은 관례를 바꾸고, 모자란 사람은 예에 구속된다.[119]

『상군서』의 시작에 집중적으로 등장하는 법 바꾸기의 필요성과 정당화는 이익을 따르고자 하는 인간의 욕망을 실현하기 위한 국가의 역할이 그 누구의 자의도 아닌 오직 법을 통해 이루어져야 한다고 할 때, 필연적 귀결이다. 상황에 따라 적절한 법률과 예의가 필요하다. 옛것이라는 이유만으로 법이 되고 관례가 되어서는 안 된다. 법과 관례만을 따라서는 변화하는 상황에 따라 이익을 취하는 적절한 방법을 택할 수 없다. 여론을 따라서도 안 된다. 백성들에게 큰 이익을 가져다주는 '최고의 덕', '큰 공'을 생각한다면, 통치자는 오직 자신에게 부여된, 다른 사람과 나눌 수 없는 권력을 사용해 법과 상황을 저울질하고, 필요에 따라 법을 바꾸고 관례를 바꾸어야 한다.

조원일이 언급한 대로, 법이란 "백성을 아끼는 방법"이며 "백성을 보호하는 도구"이다. 백성을 아끼는 방법이란 백성에게 덕을 베푸는 것, 즉 이익을 주는 정책을 시행하는 것이다. 이를 위해 법을 바꿀 필요가 있다면 바꾼다. 그러나 백성 개개인이 원하는 대로 법을 바꾸지는 않는다. 왜냐하면 법으로써 백성을 아끼고 예로써 일을 편하게 한다는 것은 법과 예가 시행된 결과로 백성들 개개인이 자신들의 욕망을 충족한다는 의미이기 때문이다. 개개인이 원하는 대로 법이 만들어지고 시행된다고 해서 그 결과로 개개인의 욕망이 충족될 수 있을까? 『상군서』는 이에 회의적이다. 백성들 개개인이 원하는 대로 세속에 휘둘리고 대중과 함께 법을 도모해서는 백성들을 보호할 수 없고 백성들을 아낄 수도 없다는 것이다.

"백성의 근본이 법이다(民本法也)." 백성을 아끼고 보호하고 욕망을 채울 수 있도록 여러 가지를 구비해주는 일들이 법과 예를 통

해 이루어져야만 한다. 법과 예가 아니라 친밀함(親)이나 사사로움
(私)으로 이루어진다면, 그 의도는 백성을 아끼고 보호하려는 의도
일 수 있을지언정 그 결과는 그렇지 않을 것이다. 친밀함과 사사로
움에 기반을 둔 자의적 통치를 경계하는 『상군서』의 논리는 법을
바꾸지 않는다(不法)는 『관자』의 주장[120])과 반대되는 논리가 아니
다. 표면적인 어법상, 법을 바꾸지 않아야 다스려진다는 『관자』의
주장은 법을 바꿔야 다스려진다는 『상군서』의 주장과 반대가 된
다. 그러나 그 논리는 일맥상통한다. 『관자』에서 법을 폐기하고 통
치자의 자의, 신하의 사사로움으로 국정을 좌지우지하는 사태에 초
점을 맞춘다면, 『상군서』에서는 법이 무력화되는 사태에 초점을 맞
춘다. 통치자의 자의나 신하의 사사로움, 법과 예를 벗어나는 친밀
함 역시 법을 무력화한다. 덧붙여, 법과 예가 만들어진 지 오래되
어 더 이상 현재의 상황을 반영할 수 없을 때 법은 무력화된다. 이
러한 상황을 이용해 법을 무시한 자의성과 사사로움이 질서로 자
리 잡게 되면 법은 무력화된다. 이는 『상군서』의 논리에서 볼 때 당
연하다. 법이란 애초에 인간의 욕망 충족을 위해 만들어진 것이므
로, 법을 통해 인간의 욕망이 충족되지 않으면 인간은 법을 어기더
라도 자신의 욕망을 충족하는 방법을 모색하게 되어 있다. 그것이
인간의 본성이다. 정도(正道)가 그 기능을 하지 못하면 샛길이 생긴
다. 통치자가 제때 법을 바꾸고 관례에 제동을 걸지 않으면 불법(不

法), 곧 법이 작동하지 않는 상태, 법을 법으로 여겨 행동의 준거로 삼지 않는 상태가 된다.

『상군서』가 상정하는 시대는 자유롭고 평등한 국민으로부터 주권이 나오고 법이 제정되는 시대가 아니다. 그러나 『상군서』에서 군주와 신하에 의한 사적 지배를 금지하고 오직 명명백백한 법에 의해 통치하며 자의적이고 사사로운 방식이 아니라 엄격하게 정해진 예에 의해 일을 처리한다면, 그 결과로 주어지는 개개인 간의 관계는 자유롭고 평등한 관계에 가까울 것이다. 법을 무시한 사적 지배와 통제, 예의를 무시한 사사로운 관계가 비록 친밀함과 가까움이라는 선한 의도, 부드러운 온정의 손길에서 시작되었더라도 결과적으로는 개인의 자유와 평등을 침해하고 나아가 인권을 빼앗는 폭력으로 이어지는 경우를 수없이 목격한다. 비록 상하 관계가 존재하더라도, 명명백백한 법(法)에 따라 정해진 방법(道)으로 예(禮)에 따라 서로 나뉘어(分) 주어진 수(數)만큼 일을 한다면, 그 멀고도 딱딱한 관계 속의 개개인은 적어도 자신의 이익을 따르는 욕망을 충족할 만큼의 자유와 평등, 주어진 분수만큼의 자유와 평등은 보장받을 수 있을 것이다.

『상군서』에서는 백성을 법으로 통제하지만, 신하와 군주 역시 예외가 아니다. 적어도 개인의 욕망 추구, 자유라는 측면에서 계급에 따른 불평등은 없다. 그 어떤 개인도 법의 테두리를 넘어 자의적으로 사사로이 욕망을 추구할 수는 없다. 오히려 계급이 높을수록 백성보다는 신하가, 신하보다는 군주가 법이 부여한 의무라는 측면에서 보면 자유를 더 제한받는다고 볼 수도 있다. 군주는 국가를 다스리는 세 가지, 곧 법(法), 신(信), 권(權) 모두에 제약을 받는 유일한 존재지만, 백성을 위해 법과 관례를 바꿀 수 있는 존재이기도 하다.

4. 결론

이익을 추구하고 해를 피하고자 하는 인간의 욕망과 이를 위한 사회제도라는 관점에서 보면, 『순자』와 『한비자』뿐만 아니라 『관자』 및 『상군서』에 이르기까지 중심 논리는 일맥상통한다. 『관자』는 『순자』와 인성론의 핵심을 공유하고 『한비자』와는 허정(虛靜)으로 대표되는 군주론을 공유하며 『상군서』와는 부국강병이라는 통치론을 공유한다. 그러나 선행 연구들이 언급하듯이 『관자』는 이외에도 여러 사상들이 얽혀 있는 다채로운 문헌이다. 『상군서』는 『한비자』와 마찬가지로 인간의 이기적인 욕망을 인정하고, 이에 편승하여 법을 시행한다. 상과 벌이 작동하는 기제는 이익을 추구하고 해를 피하고자 하는 인간의 욕망에 의해 작동한다. 『상군서』의 법치(法治)는 다른 문헌들에 비해 철저하고 엄격하다. 이러한 특징은 상보다 벌을 강조했다거나 연좌제를 주장하는 등 여러 선행 연구에서 지적한 대로 가혹한 형벌을 주장하는 부분에서보다 윤리적 결과주의를 강조하는 부분에서 두드러진다. "무릇 군주는 덕행이 다른 사람들보다 뛰어난 것도 아니고, 지혜가 사람들보다 뛰어난 것도 아니며, 용기와 역량이 사람들보다 뛰어난 것도 아닙니다. (중략) 형벌을 시행해도 백성들이 감히 원망하지 않는 것은 법이 있기 때문입니다" 또는 "성인이 가지고 있는 타고난 성품은 다른 사람에게 옮길 수 없지만 그래도 공덕을 이룰 수 있는 것은 법치 때문입니다"라고 말하는 구절에서, 선(善)은 개인의 인품이나 동기에서 비롯되는 것이 아니라 법(法)을 따르는 행동의 결과라는 관점을 읽을 수 있다. 이러한 결과주의는 욕망을 추구하는 개인이라는 관점을 공유하는 『순자』, 『한비자』, 『관자』와 비교해볼 때 '현대적'이다. 동기나 성품이 어떠하든 법을 따르기만 하면 선을 실천할 수 있다. 성인의 품성을 갖지 않아도 성인의 덕을 실천할 수 있으며 군주가 다른 사람보다 뛰어난 자질을 지니고 있지 않아도 백성들의 이익을 실현하는 통치를 할 수 있다. 군주를 선출하거나 쉽게 바꿀 수 없는 상황에서 훌륭한 자질을 가진 군주를 기대하기는 사실상 어렵다. 『순자』도 언급했듯이, 욕망을 추구하며 살아가는 인간이 성인이 되기는 사실상 어렵다. 그러나 법이 있기에 누구라도 성인의 행동을 할 수 있으며, 평범한 군주라도 법을 따르기만 하면 백성의 원망을 피할 수 있다. 이런 관점에서 본다면 여러 선행 연구들이 지적하듯이 『상군서』는 '현실적'이다.

『순자』, 『한비자』, 『관자』, 『상군서』는 예(禮)와 법(法)으로 대표되는 공동체의 질서를 전면에 내세우는 문헌이지만, 그 근본에는 인간의 욕망에 대한 긍정과 그에 수반되는 개인의 이익에 대한 고려가 있다. 인간의 욕망을 충족하기 위한 사회적 장치로서 예와 이러한 제도를 안정적으로 지속하기 위한 법은 공동체의 이익을 위한 개인이 아니라 개인의 이익을 위한 공동체로 해석할 수 있다. 개인을 위한 공동체에서 공동체의 존재 의의를 찾는 관점은 『순자』, 『한비자』, 『관자』, 『상군서』에 공통적으로 나타난다. 그러나 이러한 관점은 자유민주주의 질서 속의 개인주의와는 차이가 있다. 개인이 주체가 되는 자유주의, 국민이 주권자인 민주주의 체제 안에서 개인주의는 자신을 위한 것을 자신이 결정하는 개인주의로, 개인이 원하는 것이 개인을 위한 것을 포함한다. 반면, 선진철학의 맥락에서는 개인을 위한 것이 개인이 원하는 것보다 우위에 있다. 이익을 추구하고 해를 피하고자 하는 욕망, 즉 개인을 위한 것에는 개인차가 거의 없으며 예와 법은 이를 위한 제도다. 그러나 개인이 원하는 것에는 개인차가 존재하며 이는 주로 감정의 영역으로 간주된다. 따라서 국가는 개인이 원하는 것이 아닌 개인을 위한 것에 초점을 맞춘 정책을 시행한다. 개인을 위한 국가라는 관점에서 보면,

利 중심의 인성론에서 출발한 『순자』, 『한비자』, 『관자』, 『상군서』의 통치론과 인의(仁義) 중심의 인성론을 주장하는 『맹자』의 통치론은 크게 다르지 않으며, 이 지점에서 현대의 자유민주주의와는 구별된다. 유가철학을 중심으로 현대에 이르기까지 면면히 이어져온 인의 중심의 인성론과는 달리, 利 중심의 인성론은 법가를 거쳐 다양한 사상과 실천으로 전개된다. 본 연구의 연장선상에서 利 중심 인성론의 전개에 대한 후속 연구는 동양철학 연구의 폭을 넓히는 데 기여할 것이다.

4

선진철학에서 개인주의에 관한 소고

—『열자(列子)』「양주(楊朱)」를 중심으로

1. 문제 제기

동양철학의 전통에서 개인주의와 관련된 연구는 상대적으로 드물다. 공동체주의와 관련된 다양한 사상적 전통에 연구가 집중된 까닭에 개인주의는 동양철학의 전통에서는 존재하지 않는 것으로 간주되거나 아니면 주변적인 사상으로 취급되었다. 이러한 경향은 개인주의를 바탕으로 한 자유주의가 주류로 자리 잡은 현대 사상계에서 동양철학을 대안적(alternative) 사상으로 자리매김하는 데 일조하였다. 흔히 개인주의와 동일시되는 서구 사상에 대한 대안적 사상의 뿌리로 지목되는 동양철학은 공동체 사상 관련 연구를 심화·발전시키며 대안적 사상의 지위를 공고히 하고 있다.

본 연구는 이러한 동양철학 연구 전통 속에서 등한시된 개인주의에 초점을 맞춘 연구다. 동양철학에서 개인주의와 관련된 사상은 주변적일 수 있다. 그러나 전무할 수는 없다. 본 연구는 이러한 단순한 의문에서 시작되었다. 그렇다면 동양철학에서 개인주의와 관련된 사상은 어떤 것이며 동양철학의 맥락에서 재정의되는 개인주의는 기존의 개인주의에 어떤 시사점을 줄 수 있을까? 이 질문에 답하기 위해서는 '어떻게 개인주의에 접근할 것인가'를 정해야 한다. 본 연구는 자유, 특히 불간섭의 자유에 초점을 맞추어 개인주의에 접근하고자 한다. 불간섭의 자유는 개인주의에 접근하는 기본적이고 일차적인 열쇠다. 불간섭의 자유는 개인주의와 불가분의 관계일 뿐만 아니라 일정 정도 비례 관계다.

양주(楊朱)는 동양철학의 전통에서 개인주의에 초점을 맞출 때 반드시 살펴보아야 하는 사상가다. 양주는 맹자가 그를 묵자(墨子)와 함께 유가(儒家)의 적으로 지목한 덕분에 유명해졌고, 동양철학에서 맹자가 지니는 압도적인 권위만큼이나 악명을 떨쳤다. 그러나 이러한 악명은 현대 동양철학 연구를 통해 다소 누그러졌다.[121] 양주에 관한 연구는 적지만, 맹자의 관점과는 다른 해석을 제시하는 연구들이 있다. 양주는 이기주의자라기보다는 생명을 가장 중요한

가치로 여긴 개인주의자에 가깝다는 해석이다.[122]

본 연구는 양주를 생명, 삶을 최우선의 가치로 간주하는 개인주의자로 해석하는 선행 연구의 연장선상에서 자유에 초점을 맞추어 양주의 사상을 재해석하고자 한다. 특히 개인주의와 밀접한 관계가 있는 불간섭의 자유는 개인의 생명, 개인의 삶을 중시하는 양주의 사상과 통한다. 자유에 초점을 맞추어 양주의 사상을 재해석할 때 주안점은 '양주는 자유주의자인가' 혹은 '양주의 사상을 불간섭의 자유로 해석할 수 있는가'의 여부가 아니라, 해석의 맥락과 근거다.

자유 혹은 불간섭의 자유로 해석되는 양주 사상의 구체적인 맥락과 근거를 논하기 위해 본 연구는 양주의 사상을 이기주의로 보는 맹자의 관점을 포함하여 현재의 해석에 이르기까지 양주에 관한 기존의 논의를 재검토한 후, 기존 논의의 맥락에서 불간섭의 자유의 근거를 제시하고자 한다. 양주의 사상은 양주의 이름을 전면에 내세운 『열자』「양주」편 외에도 여러 곳에 산재해 있다고 알려져 있다.[123] 본 연구는 우선 양주에 관한 최초의 비판론에 해당하는 이기주의론의 근거로 제시되는 맹자의 말 "양자(楊子)는 자신을 위함을 취하였으니, 하나의 털을 뽑아서 천하(天下)가 이롭더라도 하지 않았다"와 직접 연결되는 『열자』「양주」편으로 연구범위를 한정하여 현대의 개인주의론으로 전환되는 맥락을 검토한다. 다음으

로 「양주」편에 등장하는 쾌락주의를 개인주의의 맥락에서 재조명
한다. 끝으로 양주의 개인주의를 불간섭의 자유에 비추어 재해석
함으로써 양주에 관한 기존 논의의 맥락에서 불간섭의 자유를 논
하는 본 연구기획을 마무리한다.

2. 이기주의에서 개인주의로 해석의 전환

양주는 개인보다 공동체 중심인 동양철학에서 보기 드문 '이기주
의' 사상가로 알려져 있다. 양주를 '이기주의'의 대표인물로 만들어
유명세를 타게 한 사람은 맹자다. 맹자는 유가철학에 맞서는 두 적
수로 양주와 묵적(墨翟)을 지목했다. 묵자(墨子)로 알려진 묵적은 유
가철학과 마찬가지로 공동체 중심의 철학에 기반을 두고 있지만,
공동체 내의 평등주의와 더불어 계급, 성별, 연령 등으로 개인을 구
별하는 예악전장제도(禮樂典章制度)의 부정을 특징으로 한다는 점
에서 유가와 대립한다. 맹자가 양자(楊子)로도 칭했던 양주는 소위
'위아주의(爲我主義)' 사상가로, 공동체 중심의 유가철학과 대척점에
서 있다.

　『맹자』에서 양주는 묵적과 묶여서 언급되는데, 「등문공 하(滕文
公 下)」편에서 맹자는 양주를 유가의 적으로 여기는 이유를 설명한

다.『맹자』에서 제시되는 유가철학의 핵심 개념은 인의(仁義)다.『맹자』 첫 장에서 맹자가 "오직 인의가 있을 뿐이다"라고 역설한 후로 인의는『맹자』전편을 관통하는 개념이 되었다. 이러한 인의와 반대 되는 대표적인 개념이 자신만을 위하는 위아(爲我), 다른 사람을 똑같이 아끼는 겸애(兼愛)라 할 수 있다. 사람들이 위아, 겸애에 사로 잡혀 인의를 받아들이지 못하는 상황에 대한 안타까움과 위아, 겸애를 물리치고 인의를 설파해야 하는 맹자 자신의 사명의 정당성 이 아래 구절에 나타난다.

성왕(聖王)이 나오지 아니하여 제후(諸侯)가 방자하며 초야(草野)의 선 비들이 멋대로 의논하여 양주·묵적의 말이 천하에 가득하여, 천하의 말이 양주에게 돌아가지 않으면 묵적에게 돌아간다. 양씨(楊氏)는 자신 만을 위하니 이는 군주가 없는 것이요, 묵씨(墨氏)는 똑같이 사랑하니 이는 아버지가 없는 것이다. 아버지가 없고 군주가 없으면 이는 금수(禽 獸)이다. 공명의(公明儀)가 말하기를 "'임금의' 푸줏간에 살진 고기가 있 고 마구간에 살찐 말이 있는데도 백성들에게 굶주린 기색이 있으며 들 에는 굶어 죽은 시체가 있다면 이는 짐승을 내몰아 사람을 잡아먹게 하는 것이다"라고 하였다. 양주·묵적의 도(道)가 종식되지 않으면 공자 (孔子)의 도가 드러나지 못할 것이니, 이는 부정한 학설이 백성을 속여 인의의 정도를 꽉 막는 것이다. 인의가 꽉 막히면 짐승을 내몰아 사람을 잡아먹게 하다가 사람들이 장차 서로 잡아먹게 될 것이다. 내가 이 때문에 두려워하여 선성(先聖)의 도를 보호하여 양묵(楊墨)을 막으며 부정한 말을 추방하여 부정한 학설이 나오지 못하게 하는 것이다. '부정한 학설'은 그 마음에서 나와 그 일에 해를 끼치며, 일에서 나와 정사에 해를 끼치니, 성인(聖人)이 다시 나오셔도 내 말을 바꾸지 않으실 것이다. (중략) 능히 양묵을 막을 것을 말하는 자는 성인의 무리이다."[124]

맹자는 우선 자신이 양주, 묵적을 비판하는 이유를 설명한다. 양주와 묵적의 사상은 한마디로 인간을 짐승으로 만드는 사상이다. 군주는 공동체의 상징 중 하나인데, 양주는 위아(爲我)에 입각하여 군주를 섬기지 않는다. 겸애를 주장하는 묵자는 자신의 부모를 다른 사람의 부모보다 우선하는 도덕에 제동을 건다. 이는 맹자가 보기에 효(孝)가 결여되어 부모를 몰라보는 금수와 다르지 않다. 이 둘은 인간사회의 질서를 부정한다는 측면에서 용납할 수 없는 사고방식이다. 그런데 왜 이 시점에 자신이 나서서 이들을 비판하는가? 양주와 묵적이 판치는 세상에 자신이 나서서 인의의 길을 내어 '공자의 도'를 드러내지 않는다면 "짐승을 내몰아 사람을 잡아먹게 하"는 형국이 되기 때문이다. 양주와 묵적에 대한 맹자의 비판을 주희(朱熹)는 다음과 같이 요약했다.

양주는 다만 몸을 아낄 줄만 알고 다시 몸을 바치는 의리가 있음을 알지 못하였다. 그러므로 군주가 없는 것이요, 묵자는 사랑함에 차등(差等)이 없어 지친(至親)을 보기를 중인(衆人)과 다름이 없게 하였다. 그러므로 아버지가 없는 것이다. 아버지가 없고 군주가 없으면 인도(人道)가 멸절(滅絶)되니, 이 또한 금수일 뿐이다.[125]

이러한 주희의 요약은 『맹자』「진심 상(盡心 上)」편에 나오는 유명한 구절, "양자는 자신을 위함을 취하였으니, 하나의 털을 뽑아서 천하가 이롭더라도 하지 않았다"[126]의 해설에 해당한다. 몸을 아낄 줄만 알고 몸을 바치는 의리가 완벽하게 결여되면 자신의 털 하나를 바쳐서 온 천하에 이익이 가더라도 하지 않을 것이다. 이 구절에 이어지는 묵자에 대한 언급 "묵자는 겸애를 하였으니, 이마를 갈아 발꿈치에 이르더라도 천하에 이로우면 하였다"[127]는 양주와 묵적이 유가의 적인 또 다른 이유를 보여준다. 이 둘은 극단적인 사상이다. 인간성의 양 극단에 치우쳐 있으므로 이 둘을 따르게 되면 인간성에서 벗어나 짐승으로 전락할 것이다. 그렇다면 인간성을 위해 취해야 하는 선택은 이 두 극단의 중간인가? 그것이 아님을 강조하는 것이 이 구절의 목적이다. 양자와 묵자에 이어 노(魯)의 현자로 알려진 자막(子莫)이라는 인물이 등장하는데, 그는 중간을 취했다.

자막은 이 중간을 잡았으니, 중간을 잡는 것이 도(道)에 가까우나, 중간을 잡고 저울질함이 없는 것은 한쪽을 잡는 것과 같다. 한쪽을 잡는 것을 미워하는 까닭은 도를 해치기 때문이니, 하나를 들고 백 가지를 폐하는 것이다.[128]

주희는 주석에서 이 장 전체의 핵심은 '저울질(權)'이라고 밝힌다. 맹자가 보기에 본질적으로 극단에 서 있는 양자와 묵자뿐만 아니라 중(中)에 고착된 자막 역시 올바른 길을 가로막는 적이라는 점에서는 같다. 인간이란 자신의 것이라면 털 하나라도 아끼지만, 그것을 바쳐야 한다면 "이마를 갈아 발꿈치에 이르더라도" 할 수 있는 것이 또한 인간이다. 그렇다고 항상 절반인 허리가 도(道)일 수는 없다. 도, 즉 올바른 방법은 저울질이다. '무엇을 나를 위해 아끼고 무엇을 다른 사람을 위해 바칠 것인가'의 결정은 저울질의 연속이며, 털끝부터 온몸에 이르기까지 그 어딘가에서 결정될 것이다.

양주를 유명하게 만든 맹자의 말, "양자는 자신을 위함을 취하였으니, 하나의 털을 뽑아서 천하가 이롭더라도 하지 않았다"를 『열자』「양주」편에서 발견할 수 있다.[129]

양주가 말했다. "백성자고(伯成子高)[130]는 자기 몸의 한 개의 터럭을 뽑아 남을 이롭게 할 수 있는 일이라 하더라도 하지 않고, 나라를 버리고 숨어 살면서 밭을 갈았다. 우(禹)임금은 자기 한 몸을 이롭게 하는 일은 하지 않아 자신의 몸을 지치고 깡마르게 만들었다. 옛날 사람들은 자기 몸에서 한 개의 터럭을 뽑음으로써 천하가 이롭게 된다 해도 뽑아 주지 않았고, 천하를 다 들어 자기 한 사람에게 바친다 하더라도 받지 않았다. 사람마다 자기 몸에서는 한 개의 터럭도 뽑지 않고, 사람마다 천하를 이롭게 하는 일은 하지 않는다면 천하가 잘 다스려질 것이다."

금자(禽子)[131]가 양주에게 물었다. "선생님 몸에서 한 개의 터럭을 뽑음으로써 온 세상을 도울 수가 있다면 선생님은 그런 행동을 하시겠습니까?"

양자가 말했다. "세상은 본시부터 한 개의 터럭으로 도울 수 있는 게 아니지요."

금자가 말했다. "가령 도울 수 있는 경우라면 하시겠습니까?"

양자는 대답하지 않았다.

금자가 나와서 맹손양(孟孫陽)에게 말하자 맹손양이 말했다. "선생은 우리 선생님의 마음을 이해하지 못하셨습니다. 제가 그에 대한 말씀을 드리지요. 선생의 살갗을 손상함으로써 만금(萬金)을 얻을 수가 있다면 선생은 그 일을 하시겠습니까?"

"하지요."

맹손양이 말했다. "선생의 몸 한 마디를 끊음으로써 한 나라를 얻을 수가 있다면 선생은 그 짓을 하겠습니까?"

금자는 한동안 말을 못하고 가만히 있었다.

맹손양이 말했다. "한 개의 터럭은 살갗보다 작은 것이며 살갗은 몸의 한 마디보다도 작은 것임이 분명합니다. 그러나 한 개의 터럭이 쌓여서 살갗을 이루고 살갗이 쌓여서 몸의 한 마디를 이루게 됩니다. 한 개의 터럭은 본시가 한 몸의 만분의 일에 해당하는 것이지만 어찌 그것을 가벼이 여길 수 있겠습니까?"

금자가 말했다. "나는 선생에게 대답을 드리지 못하겠소. 그러나 선생의 말에 대해서 노자(老子)나 관윤(關尹)에게 가서 물어본다면 그분들은 선생의 말이 옳다고 할 것입니다. 나의 말에 대해 우임금이나 묵자에게 물어본다면 그분들은 나의 말이 옳다고 하실 것입니다."

맹손양은 그의 말을 듣고는 그의 제자들을 돌아보면서 다른 일에 관한 이야기를 했다.[132]

위의 인용문은 "양자는 자신을 위함을 취하였으니, 하나의 털을 뽑아서 천하가 이롭더라도 하지 않았다"라는 맹자의 비판을 양자의 관점에서 재조명하고 있다. 우선, "자기 몸의 한 개의 터럭을 뽑아 남을 이롭게 할 수 있는 일이라 하더라도 하지 않"았던 사람은 백성자고로 제시된다. 양주 자신이 아니다. 역사적으로 정당성이 이미 입증된 성인(聖人)이나 현자(賢者)의 말과 행동을 빌려 자신의 생각을 피력하는 화법이다. 양주는 "선생님 몸에서 한 개의 터럭을 뽑음으로써 온 세상을 도울 수가 있다면 선생님은 그런 행동을 하시겠습니까?"라는 금자의 질문에 "세상은 본시부터 한 개의 터럭으로 도울 수 있는 게 아니지요"라고 답한다. 이것이 양자의 답이다. 더 이상 설명할 것은 없다. 그러나 금자는 양자의 답을 이해하지 못한다. 양자의 대변인을 자처한 맹손양은 금자를 위해 양자의 답을 해설한다. 처음에는 터럭으로 시작하지만 터럭이 살갗이 되고 몸의 한 마디가 될 수 있기에 그 희생의 한계를 지을 수 없다는 것이다. 이러한 맹손양의 해석에 "한동안 말을 못하고 가만히 있"던 금자가 드디어 답한다. 우임금이나 묵자라면 자신에게 동의할 것이라고. 금자의 답은 "묵자는 겸애를 하였으니, 이마를 갈아 발꿈치에 이르더라도 천하에 이로우면 하였다"라는 맹자의 말을 떠올리게 한다. 맹손양의 말대로라면 양자는 결국 묵자의 대립항일 뿐인 것이다. 맹자가 과장되게 표현한 대로 "이마를 갈아 발꿈치에 이르더라도 천하에 이로우면 하"는 우임금, 묵자, 그리고 그들을 추종하는 금자와 터럭 하나로도 세상을 돕고자 하지 않았던 백성자고, 양자, 그리고 맹손양은 관점이 다를 뿐이다. 더 이상 금자를 설득할 수 없었던 맹손양은 포기한다.

"세상은 본시부터 한 개의 터럭으로 도울 수 있는 게 아니지요"라는 양자의 답변은 과연 그런 의미였을까? 양자의 관점에서 양자의 철학을 펼치는 「양주」편에 실린 글인만큼, 문맥상 양자의 답은 맹손양의 해석 이상의 무엇을 의미해야만 한다. 적어도 우(禹)와 묵자를 반박할 수 있는 논리를 제시해야 한다. 이 반론은 묵자의 대립항, 두 극단론 중 하나라고 비판한 맹자에 대한 반론이기도 하다.

양자는 세상은 본시부터 한 개의 터럭으로도 그 무엇으로도 도울 수 있는 게 아니라고 답한 것이다. 양자의 답변의 핵심은 '터럭(一毛)'에 있는 것이 아니라 '도움(濟)'에 있다. 대변인을 자처한 맹손양 역시 터럭에 현혹되어 핵심을 놓쳤다. 만약 터럭이 핵심이라면 정도의 문제가 된다. 세상을 구하는 문제가 희생의 정도에 있다는 것이다. 터럭, 살갗은 가능하겠지만 몸의 한 마디를 희생하여 세상을 구할 수는 없지 않느냐고 금자를 설득하려는 맹손양에게 금자가 "한동안 말을 못하고 가만히 있"던 이유는 맹손양의 논리에 반박할 말이 떠오르지 않아서가 아니다. 오히려 다음과 같은 반박 논리가 떠올랐기 때문이다. 그렇다면 몸의 한 마디가 아니라 "이마를 갈아 발꿈치에 이르더라도" 아니, 내 한 목숨, 열 사람의 목숨, 백천만 명의 목숨을 희생해서라도 세상을 구할 수 있다면 세상을 구해야 하지 않을까? 이 지점에서 맹손양은 실패한다.

양자의 답의 핵심이 터럭이 아니라 도움에 있기에, 금자가 "가령 도울 수 있는 경우라면 하시겠습니까?(假濟 爲之乎)"라고 묻자 양자는 더 이상 답하지 않는다. 금자가 핵심을 파악하지 못하는 것을 보고, 더 설명해도 알아듣지 못할 거라 생각했을 것이다. 만약 금자가 "사람마다 자기 몸에서는 한 개의 터럭도 뽑지 않고, 사람마다 천하를 이롭게 하는 일은 하지 않는다면 천하가 잘 다스려질 것이다"라는 말의 의미를 묻거나 혹은 "그렇다면 어떤 방법으로 세상을 구할 수 있습니까?"라고 물었다면 아마 양자는 다음과 같이 답했을 것이다.

양주가 말했다. "사람이란 하늘과 땅과 비슷한 종류라서 오행(五行)의 성품을 지니고 있다. 삶을 지닌 것들 중에서 가장 신령스러운 것이 사람이다. 사람이란 발톱과 이빨은 자기 방위를 하는 데 쓰지도 못할 정도의 것을 가지고 있고, 살갗은 자기 몸을 보호하기에도 불충분하고, 뜀박질은 이로운 것을 쫓고 해로운 것으로부터 도망치지도 못할 정도이며, 추위와 더위를 막을 털과 깃도 없다. 사람은 반드시 밖의 물건을 바탕으로 하여 삶을 이어가고, 지혜는 쓸 만하지만 힘은 의지할 정도가 못 된다. 그러므로 지혜는 귀중하게 여기는데 자기를 살아가도록 해주기 때문에 귀중한 것이며, 힘은 천하게 여기는데 힘으로는 밖으로부터 침범을 당하게 되기 때문에 천한 것이다.

그런데 우리 몸이란 내가 가지고 있는 것이 아니다. 이미 태어났다면 그것을 보전하지 않을 수가 없는 것이다. 물건들도 내가 가지고 있는 것이 아니다. 이미 가지고 있다면 그것을 버리고 쓰지 않을 수가 없는 것이다. 몸은 본시 삶을 주관하고 물건은 또한 몸을 길러주는 일을 주관하는 것이다. 비록 살아 있는 몸을 보전하고 있다 하더라도 그의 몸을 가지고 마음대로 할 수는 없는 것이다. 비록 물건을 버리고 쓰지 않을 수는 없다 하더라도 그 물건을 가지고 마음대로 할 수는 없는 것이다. 그 물건을 가지고 있고 그의 몸을 가지고 있다는 것은 온전한 사람들의 몸을 자기 멋대로 가지고 온 천하의 물건을 자기 멋대로 갖는 것이된다. 오직 성인만이 할 수 있는 일일 것이로되, 온 천하 사람들의 몸을 공유(公有)하고 온 천하의 물건을 공유해야 한다. 그렇게 하는 것은 오직 지극한 사람일 것이다. 이것을 일컬어 지극한 경지에 이르렀다고 하는 것이다.[133]

위 인용문은 「양주」편에 실린 글 중에서 양주가 자신의 인간관을 가장 압축적으로 피력한 글이다. "옛날 사람들은 자기 몸에서 한 개의 터럭을 뽑음으로써 천하가 이롭게 된다 해도 뽑아 주지 않았고, 천하를 다 들어 자기 한 사람에게 바친다 하더라도 받지 않았다. 사람마다 자기 몸에서는 한 개의 터럭도 뽑지 않고, 사람마다 천하를 이롭게 하는 일은 하지 않는다면 천하가 잘 다스려질 것이다", "세상은 본시부터 한 개의 터럭으로 도울 수 있는 게 아니지요"라는 양주의 말은 "그 물건을 가지고 있고 그의 몸을 가지고 있다는 것은 온전한 사람들의 몸을 자기 멋대로 가지고 온 천하의 물건을 자기 멋대로 갖는 것이 된다"는 양주의 생각과 통한다. 양주는 원래 자신의 소유가 아닌 것을 멋대로 희생하여 세상을 구한다는 발상을 비판한 것이다.

다시 백성자고와 우임금의 이야기로 돌아가보면, 백성자고는 요임금 아래에서 제후로 일했다. 요임금은 성인이다. 다시 말해서 "온 천하 사람들의 몸을 공유하고 온 천하의 물건을 공유"할 수 있는 지극한 경지에 이른 사람이다. 위 두 인용문의 논리를 따르면, 백성자고가 요를 제후로 섬긴 것을 볼 때 요는 지극한 사람이고 우는 그렇지 않다. 일반적으로 요, 순은 성인이라 칭하고 우는 그렇지 않은데, 「양주」편에서도 그러하다. 우는 "온 천하 사람들의 몸을 공유하고 온 천하의 물건을 공유"할 수 있는 지극한 경지에 이른 사람, 즉 성인이 아니므로 비록 정도의 차이는 있을 수 있겠지만 보통 사람들과 같다. 우임금은 "발톱과 이빨은 자기 방위를 하는 데 쓰지도 못할 정도의 것을 가지고 있고, 살갗은 자기 몸을 보호하기에도 불충분하고, 뜀박질은 이로운 것을 쫓고 해로운 것으로부터 도망치지도 못할 정도이며, 추위와 더위를 막을 털과 깃도 없"기에 "반드시 밖의 물건을 바탕으로 하여 삶을 이어가"야 하는 존재다. 따라서 우임금 역시 "몸은 본시 삶을 주관하고 물건은 또한 몸을 길러주는 일을 주관하는 것이다. 비록 살아 있는 몸을 보전하고 있다 하더라도 그의 몸을 가지고 마음대로 할 수는 없는 것이다. 비록 물건을 버리고 쓰지 않을 수는 없다 하더라도 그 물건을 가지고 마음대로 할 수는 없는 것이다"라는 수준에 있다. 자신의 몸은 그저 자신의 삶을 주관할 뿐이고 외부의 물건에 의지하여 자신의 몸을 기르는 존재에 불과한 우가 "자기 한 몸을 이롭게 하는 일은 하지 않아 자신의 몸을 지치고 깡마르게 만들었다"는 것은 양주의 관점에서는 "온전한 사람들의 몸을 자기 멋대로 가지고 온 천하의 물건을 자기 멋대로 갖는 것이 된다." 백성자고는 "온 천하 사람들의 몸을 공유하고 온 천하의 물건을 공유"할 수 있는 지극한 경지에 이른 사람이 아닌 우가 "자기 한 몸을 이롭게 하는 일은 하지 않아 자신의 몸을 지치고 깡마르게 만드는 것을 보고 잘못하고 있다고 생각했을 것이다. 우가 힘쓸 일은 "온 천하 사람들의 몸을 공유하고 온 천하의 물건을 공유"할 수 있도록 하는 일이지 "자기 한 몸을 이롭게 하는 일은 하지 않아 자신의 몸을 지치고 깡마르게 만"드는 일이 아닌 것이다. 우가 자신이 "온 천하 사람들의 몸을 공유하고 온 천하의 물건을 공유"할 수 있는 지극한 경지에 이를 수 없음을 알았다면, 보통 사람으로서 "몸은 본시 삶을 주관하고 물건은 또한 몸을 길러주는 일을 주관하는 것"임을 알고 "비록 살아 있는 몸을 보전하고 있다 하더라도 그의 몸을 가지고 마음대로 할 수는 없"으며 "비록 물건을 버리고 쓰지 않을 수는 없다 하더라도 그 물건을 가지고 마음대로 할 수는 없"음을 행동의 근간으로 삼았어야 했다. 그러나 우는 자신의 몸을 가지고 마음대로 했다. 그래서 백성자고는 물러나서 우의 행동과는 정반대로 "자기 몸의 한 개의 터럭을 뽑아 남을 이롭게 할 수 있는 일이라 하더라도 하지 않고, 나라를 버리고 숨어 살면서 밭을 갈"며 살아감으로써 보통 사람의 삶이 어떠해야 하는가를 보여주었다. 이러한 우의 잘못을 깨닫지 못하고 오히려 추앙하는 금자를 보고 양주는 "세상은 본시부터 한 개의 터럭으로 도울 수 있는 게 아니지요"라고 답한다. "온 천하 사람들의 몸을 공유하고 온 천하의 물건을 공유"할 수 있는 지극한 경지에 이를 수 없었다면, 다시 말해 성인이 될 수 없었다면 우는 "천하를 다 들어 자기 한 사람에게 바친다 하더라도 받지 않았"어야 했다.

"온 천하 사람들의 몸을 공유하고 온 천하의 물건을 공유"할 수 없다면, 자신의 "몸은 본시 삶을 주관하고 물건은 또한 몸을 길러주는 일을 주관하는 것"임을 알고 "비록 살아 있는 몸을 보전하고 있다 하더라도 그의 몸을 가지고 마음대로 할 수는 없"으며 "비록 물건을 버리고 쓰지 않을 수는 없다 하더라도 그 물건을 가지고 마음대로 할 수는 없"음을 행동의 근간으로 삼아 개개인의 삶을 살아가는 것이다. "자기 한 몸을 이롭게 하는 일은 하지 않아 자신의 몸을 지치고 깡마르게 만"드는 일이란 세상을 돕는 일과는 아무 상관도 없다.

"자기 몸에서 한 개의 터럭을 뽑음으로써 천하가 이롭게 된다 해도 뽑아 주지 않았고, 천하를 다 들어 자기 한 사람에게 바친다 하더라도 받지 않"는 삶의 태도, 즉 다른 사람으로부터 받는 것이 천하라 해도 받지 않고 다른 사람에게 주는 것이 터럭이라 해도 주지 않는 삶의 태도는 적어도 이기주의는 아니다. 이기주의라면 다른 사람으로부터 천하가 아니라 터럭이라도 받을 것이다. 양주는 온 천하 사람들이 몸과 물건을 공유할 수 있는 사회를 이상적인 사회로 여기되, 그것이 아니라면 차라리 "세상은 본시부터 한 개의 터럭으로 도울 수 있는 게 아"님을 자각하고 "자기 한 몸을 이롭게 하는 일"을 하는 것이 낫다고 주장한다. 이는 이기주의가 아닌 개인주의에 가깝다.

3. 개인주의의 성격: 실질에 근거한 쾌락주의

양주의 개인주의는 "자기 한 몸을 이롭게 하는 일은 하지 않아 자신의 몸을 지치고 깡마르게 만"드는 일이 세상을 돕는 일이라는 관점에 대한 비판에서 비롯되었다. 온 천하 사람들이 몸과 물건을 공유할 수 있는 사회가 아니라면, 흔히 세상을 돕는 일이라 표방하는 행동이 오히려 자신과 세상을 해롭게 하는 행동이 되기 쉽기 때문이다. "자기 한 몸을 이롭게 하는 일은 하지 않아 자신의 몸을 지치고 깡마르게 만"든다고 해서 그 일의 결과가 세상을 돕는 일로 이어진다는 필연은 없다. "자기 한 몸을 이롭게 하는 일은 하지 않아 자신의 몸을 지치고 깡마르게 만"들어도, 세상을 돕는다는 취지에 비추어보면 고작 자신의 몸에서 겨우 한 개의 터럭을 뽑는 일과 대동소이한 경우가 대부분이다. 우가 "자기 한 몸을 이롭게 하는 일은 하지 않아 자신의 몸을 지치고 깡마르게 만"든 일이 금자의 관점에서는 세상을 돕는 일로 보였지만, 양주의 관점에서는 그저 "자기 몸에서 한 개의 터럭을 뽑음으로써 천하가 이롭게 된다"고 착각하는 사람일 뿐이다. 양주의 관점에서 우가 세상을 돕는 방법이란 앞서 말했듯이 "천하를 다 들어 자기 한 사람에게 바친다 하더라도 받지 않"는 일이다. "자기 한 몸을 이롭게 하는 일은 하지 않아 자신의 몸을 지치고 깡마르게 만"드는, 자신의 몸에서 터럭 하나 뽑아 세상을 돕는 정도의 일을 하고서 온 천하 사람들에게는 "천하를 다 들어 자기 한 사람에게 바"치게 했던 우는 온 천하 사람들이 몸과 물건을 공유할 수 있었던 세상을 망쳤고 자신의 몸도 망쳤다.

자기 희생과 타인의 이익 사이에는 어떤 필연성도 없다는 양주의 지적은 그리 특별하지 않다. "자기 한 몸을 이롭게 하는 일은 하지 않아 자신의 몸을 지치고 깡마르게 만"든다고 해서 반드시 타인, 나아가 세상을 이롭게 하는 일로 귀결되지 않는 것은 당연하다. "자기 한 몸을 이롭게 하는 일은 하지 않아 자신의 몸을 지치고 깡마르게 만"드는 사람은 세상을 이롭게 하기는커녕 타인에게도 피해가 되는 경우가 적지 않다. 자기 한 몸이라도 온전히 건사한다면 적어도 타인에게 자기를 돌보게 하는 수고를 끼치지는 않는다. 타인에게 의지하기를 거부함으로써 타인에게 수고를 끼치지 않을 수는 있다. 그러나 "자기 한 몸을 이롭게 하는 일은 하지 않아 자신의 몸을 지치고 깡마르게 만"들면서 세상을 이롭게 한다는 생각 뒤에는 대개 자신과 다른 사람, 자신과 세상이 긴밀하게 연결되어 있다는 신념이 자리 잡고 있다. 따라서 다른 사람과 서로 돕는 관계로부터 스스로를 고립시켜 다른 사람과 세상에 피해를 주는 행동을 하기 어렵다.

양주의 개인주의로부터 다음과 같은 추론이 가능하다. 자기 희생이 타인의 이익으로 이어진다 해도, 그 이익은 그리 크지 않은 경우가 많다. 다른 사람을 돕는다고 하는데도 그 이익은 크지 않은 경우가 많다. "자기 한 몸을 이롭게 하는 일은 하지 않아 자신의 몸을 지치고 깡마르게 만"드는 정도로 대단한 희생을 한다고 하는데도, 실상은 그저 터럭 하나 뽑는 정도의 희생에 지나지 않는 경우도 많다. 양주는 다른 사람에게, 더 나아가 세상에 실질적으로 도움이 되는 행동을 하고 실질적으로 도움을 주는 사람이 되기란 쉽지 않다는 점을 강조하고 있다고 볼 수 있다. 비록 터럭 한 개라도 자기를 희생해 세상을 이롭게 하고자 하였는데 세상을 이롭게 하는 결과로 이어지지지 않는다면 그저 터럭 한 개만 덧없이 희생될 뿐이다. 개개인마다 터럭 한 개씩을 덧없이 희생한다면 전체적으로 희생은 늘고 이익은 줄어들어 세상은 점점 나빠질 뿐이다. 차라리 자기 희생으로 다른 사람을 돕겠다는 생각을 버리고 개개인이 자기 자신을 이롭게 하는 일에 몰두하는 편이 세상을 이롭게 하는 결과로 이어질 수 있다. 알기 어려운 다른 사람의 행복을 위해 자신을 희생하기보다는 잘 아는 자신의 행복을 늘린다면 세상의 행복도 늘어날 수 있다.

이러한 개인주의는 쾌락주의와 연결된다. 양주는 "자기 한 몸을 이롭게 하는 일은 하지 않아 자신의 몸을 지치고 깡마르게 만"들면서 세상을 이롭게 한다고 착각하는 사람을 "밖을 잘 다스리려는 사람"이라고 불렀다. '밖을 잘 다스리려는 사람'과 '안을 잘 다스리려는 사람'의 대조는 공손조(公孫朝)·공손목(公孫穆) 형제와 정(鄭)나라 재상 자산(子産)의 대화의 말미에 등장한다.[134] 양주는 술을 좋아하는 공손조와 여자를 좋아하는 공손목 두 형제의 입을 빌려 '자신의 안'을 다스리는 방법에 집중해야 한다고 주장한다. '밖을 잘 다스리려는 사람'이란 공손조의 아우이자 공손목의 형인 정나라 재상 자산을 가리키는데, 그는 자신의 형제에게 "사람이 새나 짐승보다도 귀한 까닭은 지혜와 생각이 있기 때문입니다. 지혜와 생각을 이끌어나가는 것은 예의입니다. 예의를 제대로 지키면 사회적 명성과 지위가 돌아옵니다. 만약 감정이 내키는 대로 움직여서 자기가 좋아하는 일과 바라는 일에 빠져버린다면 곧 본성과 생명이 위태롭게 됩니다"(김학주, 2011, p. 330)라고 충고한다. 이러한 충고에 공손조와 공손목은 "당신은 예의를 존중함으로써 남에게 뽐내고 감정과 본성으로부터 어긋나게 행동하면서 명예를 추구하려 하고 있습니다. 우리는 그렇게 사는 것은 죽는 것만도 못하다고 생각하고 있습니다. 우리는 일생의 기쁨을 다하고 한창 때의 즐거움을 추구하려는 것입니다. 다만 배가 넘치도록 차서 입이 멋대로 마시지 못하게 될까 걱정이 되고, 몸이 지쳐서 정욕대로 여자를 즐기지 못할까 걱정이 될 뿐입니다. 더러운 명성이 나고 본성과 생명이 위험해지는 것 같은 일은 걱정할 겨를조차도 없습니다. 그런데도 당신은 나라를 다스리는 능력을 가지고 남에게 뽐내며 이론으로 우리의 마음을 어지럽히고 명예와 벼슬로 우리의 마음을 기쁘게 해주려 하고 있으니 어찌 형편없고 불쌍한 일이 아니겠습니까?"(김학주, 2011, p. 331)라고 응수하며 "밖을 잘 다스리려는 사람은 반드시 밖의 일이나 물건을 제대로 다스리지 못하고 자신만을 더욱 괴롭히게 될 것"이라고 경고한다.

"자기 안만을 잘 다스리려는 사람"이란 앞서 인용한 대로 "우리

몸이란 내가 가지고 있는 것이 아니다. 이미 태어났다면 그것을 보전하지 않을 수가 없는 것이다. 물건들도 내가 가지고 있는 것이 아니다. 이미 가지고 있다면 그것을 버리고 쓰지 않을 수가 없는 것이다. 몸은 본시 삶을 주관하고 물건은 또한 몸을 길러주는 일을 주관하는 것이다. 비록 살아 있는 몸을 보전하고 있다 하더라도 그의 몸을 가지고 마음대로 할 수는 없는 것이다. 비록 물건을 버리고 쓰지 않을 수는 없다 하더라도 그 물건을 가지고 마음대로 할 수는 없는 것이다"라는 전제 위에서 "밖의 일이나 물건을 어지럽히지 않으며 타고난 본성을 더욱 편안하게"하는 사람이다. 자산은 지혜가 예의로 귀결된다고 주장하지만, 양주는 "지혜는 귀중하게 여기는데 자기를 살아가도록 해주기 때문에 귀중한 것"이라 말한다. 자산이 강조하는 명성은 그저 더러울 뿐이고 오히려 본성과 생명을 해친다. "우리는 일생의 기쁨을 다하고 한창 때의 즐거움을 추구하려는 것"이라는 공손조와 공손목의 인생관은 「양주」편에 반복적으로 강조된다.

이러한 쾌락주의[135]의 이면에는 "온 천하 사람들의 몸을 공유하고 온 천하의 물건을 공유"하는 성인의 경지, 지극한 사람의 경지에 이르지 못한 사람으로서 "그 물건을 가지고 있고 그의 몸을 가지고 있다는 것은 온전한 사람들의 몸을 자기 멋대로 가지고 온 천하의 물건을 자기 멋대로 갖는 것이 된다"는 양주의 관점이 자리하고 있다. "온전한 사람들의 몸을 자기 멋대로 가지고 온 천하의 물건을 자기 멋대로 갖는" 사람들은 자신에게도 예외 없이 "자기 한 몸을 이롭게 하는 일은 하지 않아 자신의 몸을 지치고 깡마르게 만"들면서 "예의를 존중함으로써 남에게 뽐내고 감정과 본성으로부터 어긋나게 행동하면서 명예를 추구"한다.

예의를 존중하고 명예를 추구하는 삶은 "자기 한 몸을 이롭게 하는 일은 하지 않아 자신의 몸을 지치고 깡마르게 만"드는 일상의 연속이 되기 쉽다. 예의를 존중하고 명예를 추구하는 삶의 가치를 십분 인정한다고 해도, 이러한 가치 추구는 만성 피로를 가져오고 건강을 해치며 심지어 수명을 단축하는 생활 방식을 정당화한다. 십분 양보해 개인이 자신의 생명을 희생하면서까지 예의와 명예를 존중하는 삶을 선택했다고 해도, 이러한 삶은 그 사람과 관련된 다른 개인과 사물들까지 "자기 한 몸을 이롭게 하는 일은 하지 않아 자신의 몸을 지치고 깡마르게 만"드는 일상으로 휘말리게 한다. 양주의 관점에서는 이러한 개인이야말로 "온전한 사람들의 몸을 자기 멋대로 가지고 온 천하의 물건을 자기 멋대로 갖는" 사람으로, 다른 개인들이 스스로 선택하지도 않았는데 "자기 한 몸을 이롭게 하는 일은 하지 않아 자신의 몸을 지치고 깡마르게 만"드는 삶을 살도록 강요하는 악인(惡人)이다.

이러한 악인의 삶을 살지 않기 위한 방법 중 하나가 쾌락에 집중하는 삶이다. 쾌락을 추구한다는 것은 무엇인가? 양주는 어떤 쾌락을 어떻게 추구해야 한다고 주장하는가? 양주가 주장하는 쾌락 추구는 명(名)이 아닌 실(實)의 추구다.[136) 양주는 명분, 명예에는 실질, 실속이 결여되어 있다고 보았다. 양주는 명예로부터 얻어지는 만족과 이익을 인정하지 않았는데, 그 이유는 그 만족과 이익이 "자기 한 몸을 이롭게 하는 일은 하지 않아 자신의 몸을 지치고 깡마르게 만"드는 결과로 이어지기 때문이다. 명분, 명예를 위해 자기의 몸을 깎는 행동은 다른 사람에게도, 자기 자신에게도 실익이 되지 못한다.

> 실속이 있는 명예란 없는 것이고, 명예에는 실속이 없는 것이지요. 명예란 것은 거짓일 따름입니다. 옛날 요임금과 순임금은 거짓으로 천하를 허유와 선권에게 사양함으로써, 천하를 잃지 아니하고 백 년의 권세를 누렸습니다. 백이와 숙제는 실제로 아버지 고죽군을 위해 서로 사양하다가 끝내는 그 나라를 망치고 수양산에서 굶어 죽었습니다. 실제와 가짜의 분별은 이와 같이 잘 살펴야 하는 것입니다.[137)

양주는 예의와 명예 자체를 부정한다기보다는 실질이 수반되지 않는 예의와 명예를 거부한다. 양주가 "온 천하 사람들의 몸을 공유하고 온 천하의 물건을 공유"하는 성인의 경지로 높이 평가하는 요와 순 또한 천하를 양보했다는 이름, 즉 명예를 추구했다. 그러나 실질을 잃지 않는 선에서 명예를 추구했다. 반면, 백이와 숙제는 실질을 잃은 상황에서도 끝내 예의를 존중하고 명예를 추구하여 자신들을 망치고 나라를 망쳤다. 양주가 경계하는 예의와 명예는 자신의 생명과 삶뿐만 아니라 다른 사람의 생명과 삶을 위하는 실질, 즉 알맹이는 없고 껍데기만 남은 예의와 명예다. 이러한 허명(虛名)은 자신과 다른 사람의 생명을 빼앗고 삶을 망친다. 앞서 언급한 술을 좋아하는 공손조와 여자를 좋아하는 공손목 두 형제가 추구하는 쾌락은 분명 과장된 측면이 있다. 그런데 이 대목은 대화체 형식을 취하고 있다. 이 대화의 맥락을 살펴보면, 말하는 사람이 쾌락을 추구하는 삶의 가치를 듣는 사람에게 과장되게 설명할 필요성이 보인다. 쾌락을 추구하는 자신들과는 달리 예의와 명예를 우선하는 자신들의 형제인 정나라 재상 자산에게 자신들의 삶의 방식이야말로 자산의 생활 방식보다는 나은 삶의 방식임을 역설함으로써 자신들을 훈계하러 온 자산에게 자신들의 삶의 방식을 옹호하고 나아가 자산을 설득하기 위해서다. 술과 여자를 통한 쾌락을 추구하는 자신들의 삶은 적어도 다른 사람을 해치지는 않는다. 적어도 "온전한 사람들의 몸을 자기 멋대로 가지고 온 천하의 물건을 자기 멋대로 갖는" 삶은 아니다. 쾌락 추구가 지나쳐서 자신의 생명과 삶에 우선하는 실질을 잃어버린다고 해도 기껏해야 자신의 생명과 삶을 망칠 뿐이다. 실질을 잃어버린 예의와 명예 추구가 자신 뿐만 아니라 다른 사람, 다른 사물들까지 망치는 경우와는 다르다. 쾌락 추구가 최악으로 치닫는다 해도 자기 자신만을 망칠 뿐이지만, 예의와 명예 추구가 지나치면 자기 자신뿐만 아니라 다른 사람, 사물도 함께 망친다.

실질의 추구는 살아 있음을 즐기는 태도와 연결된다.

양주가 말했다. "백 년이란 사람의 목숨의 최대 한계여서, 백년을 사는 사람은 천 명에 하나 꼴도 안 된다. 설사 한 사람이 있다 하더라도 어려서 엄마 품에 안겨 있던 때와 늙어서 힘없는 때가 거의 그의 삶의 반을 차지할 것이다. 밤에 잠잘 때 활동이 멈춘 시간과 낮에 깨어 있을 때 헛되어 잃는 시간이 또 거의 그 나머지 삶의 반을 차지할 것이다. 아프고 병들고 슬퍼하고 괴로워하며 자기를 잃고 근심하고 두려워하는 시간이 또 거의 그 나머지 삶의 반은 될 것이다. 십수 년 동안 헤아려보건대, 즐겁게 만족하면서 작은 걱정도 없는 때는 또 한시도 없는 것이다. 그러니 사람은 살면서 무엇을 해야 하는가? 무엇을 즐겨야 하는가? 맛있는 음식을 먹고 좋은 옷을 입고 음악과 미인을 즐겨야 한다. 그러나 맛있는 음식과 좋은 옷은 또 언제나 만족을 느낄 수가 없는 것이며 미인과 음악은 언제나 데리고 놀며 들을 수도 없는 것이다. 그리고 또 형벌과 상에 의해 금해지기도 하고 권장되기도 하며, 명예와 법에 의해 나아가게도 되고 물러나게도 되어, 황망히 한때의 헛된 영예를 다투면서 죽은 뒤에 남는 영광을 위해 우물쭈물 귀와 눈으로 듣고 보는 것을 삼가고, 자기 자신의 뜻에 따라 옳고 그른 생각을 애석히 여겨 공연히 좋은 시절의 지극한 즐거움을 잃으면서 한시도 자기 마음대로 행동하지 못한다. 형틀에 매여 있는 중죄수와 무엇이 다른가? 태곳적 사람들은 사람의 삶이란 잠시 와 있는 것임을 알았고 죽음은 잠시 가버리는 것임을 알고 있었다. 그러므로 마음을 따라 움직이면서 자연을 어기지 아니하고 그가 좋아하는 것이 몸의 즐거움에 합당한 것이면 피하지 않았다. 그러므로 그것은 명예로도 권장할 수 있는 일이 아니었고, 본성을 따라 노닐며 만물이 좋아하는 일을 거스르지 않고 죽은 뒤의 명예는 추구하지 않았다. 그러므로 그러한 삶은 형벌로써도 어쩌하는 수가 없었다. 명예를 앞세우고 뒤로 미루는 것과 오래 살고 짧게 사는 일에 대해 헤아리는 일이 없었다."[138]

욕망의 억제는 실질의 추구와 연결되어야만 한다. 실질의 추구란 자기 자신의 쾌락 추구에 집중하는 것이다. "죽은 뒤의 명예"를 추구하지 말고 지금 현재 자신의 삶에 집중하는 것이다. "좋은 시절의 지극한 즐거움"을 누리기 위해 "마음을 따라 움직이면서 자연을 어기지 아니하고" "몸의 즐거움에 합당한 것"을 추구하는 것이 양주가 의미하는 쾌락의 추구, 실질의 추구다. "좋은 시절의 지극한 즐거움"을 누리기 위해서는 때로는 욕망이 억제되어야만 할 때도 있다. "마음을 따라 움직이면서"도 "자연을 어기지 아니하"여야 하기 때문에 욕망의 억제가 필요하다. 마음은 이팔청춘이라고 해도 팔순 노인이 "마음을 따라 움직"일 수는 없다. "자연을 어기지 아니하"여야만 팔순 "좋은 시절의 지극한 즐거움"을 누릴 수 있다. 이러한 욕망의 억제는 지금 현재 "좋은 시절의 지극한 즐거움"을 누리고자 하는 실질의 추구와 연결된다. 그러나 욕망은 그 자체로 억제되어야만 한다는 주장과는 거리가 멀다. 욕망은 억제하는 그 자체로서 의미를 갖는다는 생각은 명(名), 즉 이름, 명성, 명예를 실질보다 앞세우는 생각이다.

양주가 말했다. "백이(伯夷)는 욕망이 없었던 게 아니다. 깨끗한 몸가짐을 지나치게 뽐내다가 굶어 죽기에 이르렀던 것이다. 전계(展季)는 감정이 없었던 게 아니다. 곧은 정절을 지나치게 뽐내다가 후손이 끊기게 되었던 것이다. 깨끗한 몸가짐과 곧은 정절이 착한 사람을 이처럼 그르치고 있는 것이다."139)

양주의 개인주의와 연결된 쾌락주의의 핵심에는 실질의 추구가 자리 잡고 있다. "자기 한 몸을 이롭게 하는 일은 하지 않아 자신의 몸을 지치고 깡마르게 만"들어서 세상을 이롭게 할 수는 없다. 이러한 행동은 자신을 포함해서 어느 누구에게도 실질적인 쾌락과 행복을 가져오지 못하기에 세상을 이롭게 할 수 없다. 세상을 이롭게 한다는 명분 아래 "자기 한 몸을 이롭게 하는 일은 하지 않아 자신의 몸을 지치고 깡마르게 만"드는 행동은 허위의식에서 비롯된 행동이다. 이러한 행동은 오직 헛된 명예를 추구하는 행동일 뿐이다. 극단적인 이기주의라고 지탄받았던 "옛날 사람들은 자기 몸에서 한 개의 터럭을 뽑음으로써 천하가 이롭게 된다 해도 뽑아 주지 않았고, 천하를 다 들어 자기 한 사람에게 바친다 하더라도 받지 않았다. 사람마다 자기 몸에서는 한 개의 터럭도 뽑지 않고, 사람마다 천하를 이롭게 하는 일은 하지 않는다면 천하가 잘 다스려질 것이다"라는 주장의 근거는 실(實)이다. "세상은 본시부터 한 개의 터럭으로 도울 수 있는 게 아니지요"라는 양주의 말은 실질을 함축하고 있다. "세상은 본시부터 한 개의 터럭으로 도울 수 있는 게 아"님에도 불구하고 도울 수 있다고 주장하는 사람들은 대개 실질이 결여된 명분, 세상을 도와야 한다는 명분만을 내세우는 사람들이다. 그렇다면 어떻게 세상을 도울 수 있을까? 차라리 개개인이 자기 자신에게 현재 주어진 "좋은 시절의 지극한 즐거움"을 누리기 위해 "마음을 따라 움직이면서 자연을 어기지 아니하고" "몸의 즐거움에 합당한 것"을 추구할 수 있도록, 자기 자신과 다른 사람들이 "죽은 뒤의 명예"라는 명분 때문에 "좋은 시절의 지극한 즐거움"을 놓치지 않도록 돕는 일이 실질적으로 세상을 돕는 일에 가까울 것이다.

4. 결론: 양주 사상에서 불간섭의 자유

양주는 자신의 개인주의를 다음과 같이 정리한다.

밖을 잘 다스리려는 사람은 반드시 밖의 일이나 물건을 제대로 다스리지 못하고 자신만을 더욱 괴롭게 될 것입니다. 자기 안만을 잘 다스리려는 사람은 반드시 밖의 일이나 물건을 어지럽히지 않으며 타고난 본성을 더욱 편안하게 할 것입니다. 당신의 밖을 다스리는 방법으로는 그것을 한 나라에 잠시 동안 실행케 할 수는 있지만 사람들의 마음에 들어맞도록 할 수는 없을 것입니다. 우리의 안을 다스리는 방법은 그것을 천하에 밀고 나가면 임금과 신하의 도리도 없앨 수 있을 것입니다.[140]

양주의 개인주의는 한마디로 말해서 "자기 안만을 잘 다스리려는" 사상이다. "반드시 밖의 일이나 물건을 어지럽히지 않으며 타고난 본성을 더욱 편안하게 할 것"이라는 말에는 양주의 개인주의의 핵심이 담겨 있다. "밖을 잘 다스리려는 사람"은 특정 시점에 특정 사람들의 욕망을 실현하는 일을 할 수는 있다. 그러나 결코 오래 지속될 수는 없다. 시대가 변하고 사람들이 변하기 때문이다. 심지어 그 일을 실행한 자기 자신의 욕망도 변한다. 즉 자기 자신의 마음은 물론이고 다른 "사람들의 마음에 들어맞도록 할 수는 없"다는 점이 "밖을 잘 다스리려는 사람"의 한계다. 그러나 "밖을 잘 다스리려는 사람"과는 달리, "자기 안만을 잘 다스리려는" 사람은 적어도 자기 자신의 마음에 맞도록, 자기 자신의 욕망을 충족하도록 지속적으로 노력할 수 있다. 시대가 변하고 자기 자신도 변하지만, 적어도 자신의 욕망, 자신의 마음을 따르는 일은 특정 혹은 불특정 다수의 마음과 욕망을 따르는 일보다는 실질적이다. "밖을 잘 다스리려는 사람"이 결과적으로 명분, 명성 등 명(名)을 추구하게 된다면, "자기 안만을 잘 다스리려는" 사람은 실질, 실제 등 실(實)을 추구하게 된다.

"자기 안만을 잘 다스리려는" 양주의 개인주의는 불간섭의 자유와 연결된다. 양주는 안영(晏嬰)과 관중(管仲)의 대화를 통해 불간섭의 자유를 역설한다.

안영이 관중에게 잘 사는 법에 대해 물었다. 관중이 말했다. "하고 싶은 대로 버려둘 따름입니다. 틀어막아도 안 되고 가로막아도 안 됩니다." 안영이 말했다. "그 자세한 내용은 어떤 것입니까?" 관중이 말했다. "귀가 듣고 싶어하는 대로 멋대로 듣게 하고, 눈이 보고 싶어하는 대로 멋대로 보게 하고, 코가 냄새 맡고 싶어하는 대로 멋대로 맡게 하고, 입이 말하고 싶어하는 대로 멋대로 말하게 하고, 몸이 편안하고자 하는 대로 멋대로 편하게 하고, 뜻이 행하고자 하는 대로 멋대로 하게 버려두는 것입니다. (후략)"[141]

"자기 안만을 잘 다스리려는" 사람은 "밖을 잘 다스리려는 사람" 으로부터 간섭받기를 거부한다. 이들은 "밖을 잘 다스리려는 사람" 이 다른 사람을 간섭하는 행동을 비판한다. 공손조·공손목 형제가 자산에게 가한 비판의 핵심이다. 이들은 다른 사람을 간섭하는 대신 자기 자신의 욕망에 집중한다. 개인주의에 기반을 둔 쾌락주의다. 개개인의 욕망 충족은 개인의 일이다. 세상을 돕는다는 명분 아래 다른 사람의 욕망을 충족시키기 위해 자기 자신을 희생하는 행동으로는 다른 사람은 물론 자기 자신도 도울 수 없다. 자기 자신의 욕망에 집중한다고 해도 아무런 제한 없이 추구할 것을 주장하지는 않는다. 자기 자신의 욕망은 자연을 거스르지 않도록 자기 자신이 억제한다.

개인주의에 기반을 둔 양주의 쾌락주의에는 다른 사람의 간섭을 배제하는 불간섭의 자유가 필요하다. 그러나 불간섭의 자유가 무제

한의 자유를 의미하는 것은 아니다. 욕망은 무한정 추구되어서는 안 되며 통제되어야만 한다. 그러나 통제 역시 밖으로부터의 통제가 아니라 안에서의 통제다. 양주는 삶의 실질, 즉 삶을 즐기고 몸을 편안히 하는 일에 초점을 맞추면 자유는 상벌이나 법, 예절 등 밖으로부터의 제한이 없어도 실질적으로 적절한 수준에서 통제된다고 보았다.

> 양주가 말했다. "원헌(原憲)은 노(魯)나라에서 가난하게 지냈고 자공(子貢)은 위(衛)나라에서 재물을 모았다. 원헌의 가난함은 삶을 손상했고, 자공은 재물을 모으기 위해 몸에 해를 끼쳤다. 그러니 가난한 것도 안 되지만 재물을 모으는 것도 안 된다. 그러면 무엇을 해야만 괜찮은가? 삶을 즐기는 것이 올바른 일이며, 몸을 편안히 하는 것이 올바른 일이다. 그러므로 삶을 즐기는 사람은 가난한 것을 모르고, 몸을 편안히 하는 사람은 재물을 모을 줄을 모른다.[142]

양주에서 불간섭의 자유에 대한 논의는 개인적 차원에 머무른다는 점에서 한계를 갖는다. 예컨대 자신의 욕망 추구가 다른 사람의 욕망 추구와 충돌하는 문제 등은 양주의 관심사가 아니다. "밖을 잘 다스리려는 사람"과 오직 "자기 안만을 잘 다스리려는 사람"의 뚜렷한 대조를 중심으로, "밖을 잘 다스리려는 사람"에 대한 강한 비판에 무게중심이 쏠리는 까닭에 "자기 안만을 잘 다스리려는 사람"들로 이루어지는 세상에 대한 구체적인 고민으로 논의가 발전하지는 못했다. "밖을 잘 다스리려는 사람"들이 명분과 명예를 앞세워 자신과 다른 사람을 "형틀에 매여 있는 중죄수"[143]로 만드는 세상에 대한 비판에 치우치다 보니 양주가 대안으로 제시하는 "자기 안만을 잘 다스리려는 사람"들의 세상은 이상화되는 데 그친다.

이러한 한계는 양주의 개인주의에서는 불가피하다고 할 수도 있다. 양주는 자신의 욕망 추구가 다른 사람의 욕망 추구와 충돌하는 문제 등 불간섭의 자유가 야기하는 문제를 형벌이나 법 등 밖으로부터의 통제에 의지해 해결하려는 방식을 비판했다. 이는 "밖을 잘 다스리려는 사람"들의 방식이다. 밖으로부터의 통제에는 예(禮)도 포함된다. 양주는 예교(禮敎)에 의지해 스스로를 지탱하는 방식 역시 비판하였다.[144] 오직 삶을 즐기고 몸을 편안히 한다는 지극히 주관적인 기준에 의한 자기 조절 능력에 기대어 불간섭의 자유를 논하다 보니 불간섭의 자유를 사회철학의 차원에서 논할 여지가 없게 된 것이라고 이해할 수 있다.

양주의 개인주의는 유가 사상으로 대표되는 사회중심주의에 대한 비판으로서 의미를 갖는다. 세상은 그리 쉽게 도울 수 있는 것이 아님에도, 세상을 돕는다는 헛된 명분을 내세우며 다른 사람에게도 자신에게도 해가 되는 행동을 일삼고 "자기 한 몸을 이롭게 하는 일은 하지 않아 자신의 몸을 지치고 깡마르게 만드는 자신이야말로 세상에 도움이 되는 사람이라고 주장하는 "밖을 잘 다스리려는 사람"에 대한 양주의 비판은 예나 지금이나 날카롭고 뼈아프다. 양주의 사상은 맹자의 맹비난이 아깝지 않을 만큼 일정 정도 성공을 거두었으나, 유가철학의 대안으로서 유가철학과 대등한 위치에서 논의될 수 있는 철학이 되기에는 부족하다. 사회중심 철학에 대한 철저한 비판은 양주 사상의 의의이자 한계다. "밖을 잘 다스리려는 사람"에 대한 비판에 치우쳐 "자기 안만을 잘 다스리려는 사람"의 철학을 구체적이고 섬세하게 발전시키지 못했다. "밖을 잘 다스리려는 사람"의 실패에 대한 대안으로 "자기 안만을 잘 다스리려는 사람"을 내세웠으나 "자기 안만을 잘 다스리려는 사람"은 이상화되고 신비화되었을 뿐, "밖을 잘 다스리려는 사람"을 대체하는 실(實)질적인 대안으로 구체화되지는 못했다.

5

운과 평등 그리고 도덕에 관하여
—『논형(論衡)』을 중심으로

1. 서론

본 연구는 자유주의적 정의론의 핵심 주제 중 하나인 운과 평등의
문제를 동양철학의 맥락에서 살펴본 연구의 결과물이다.『논형(論
衡)』은 동양철학에서 운과 정의의 문제를 다룬 대표적인 문헌이다.
자유주의적 정의론의 출발점인 '개인의 행복은 개인의 책임인가?'
라는 질문에 답하기 위해 이 책을 저술한 왕충(王充)은 롤즈와 드
워킨으로 대표되는 자유주의적 정의론과는 다른 방향으로 논의를
전개한다. 롤즈와 드워킨이 평등에 초점을 맞추어 운의 문제를 논

했다면, 왕충은 도덕에 초점을 맞추어 운의 문제를 논했다. 그러나 '개인의 행복은 개인의 책임인가?'라는 질문을 '부와 권력의 사회적 재분배에서 정의의 문제'로 보는 관점은 같다.

자유주의적 정의론에서 운과 선택의 문제는 자유민주주의에 기반을 둔 복지국가에서 부의 재분배 문제와 맞물려 정치철학의 핵심적인 주제 중 하나로 인식된다. 특히 한국사회처럼 능력주의 (meritocracy)에 대한 믿음이 강한 사회에서는 여러 사회적 갈등의 기저에 운과 평등의 문제가 자리 잡고 있음에도 불구하고 갈등을 해소할 만한 명쾌한 답을 내놓기가 여전히 어렵다. 운과 평등주의에 대한 논의로는 롤즈와 드워킨이 대표적이다. 잘 알려진 대로 롤즈는 차등의 원칙을 통해 운에 따른 불평등의 문제를 해결하려 했고, 드워킨은 여기서 더 나아가 자원의 평등한 배분을 주장하며 운에 따른 불평등 문제를 바로잡으려 하였다.[145]

본 연구는 동양철학의 맥락에서 운과 평등의 문제를 다뤄보고자 시도한 연구의 결과다. 공동체가 강조되는 동양철학의 맥락에서 '개인의 행복은 개인의 책임인가?'라는 문제는 언뜻 간단할 수도 있지만, 개별 문헌과 개별 사상가들을 구체적으로 살펴보면 그리 단순하지 않다. 먼저 서양철학에서 운과 평등의 개념을 정리한 후 이 개념을 동양철학에 적용하는 비교 연구 방법을 사용해 개별 사상가들의 관점 차이를 비교할 수도 있겠지만, 본 연구는 단일 문헌에 집중하는 방식을 택했다. 논의의 초점을 운에 맞추고 운에 논의를 집중한 문헌을 찾아 그 문헌의 논리 구조 속에서 운과 평등의 문제를 조망하는 방식이다. 운과의 만남이라는 뜻인 「봉우(逢遇)」편으로 시작하는 『논형』은 운과 부의 재분배, 운과 개인의 선택, 운과 평등의 문제를 구체적으로 그러나 롤즈나 드워킨과는 다른 방식, 다른 언어로 다루고 있다. 롤즈와 드워킨이 개인의 자유와 책임, 기회 및 자원의 평등 등의 개념으로 운의 문제에 접근했다면, 『논형』에서는 기(氣)와 성(性) 등의 개념으로 명(命)의 문제에 접근한다.

본 연구는 『논형』에서 롤즈나 드워킨의 논의와 같거나 혹은 다른 점을 찾는 방식으로 연구를 진행하는 비교 연구를 지양하고, 『논형』의 논리를 따라감으로써 도달하게 되는 관점의 차이를 보여주는 방식으로 연구를 진행하였다. 이러한 방식을 사용하면 잘못된 비교 연구가 범하기 쉬운 끼워맞추기식 단순 비교로 귀결될 위험을 차단할 수 있다. 단순 비교는 비교의 대상이 되는 동양철학 문헌에 대한 총체적 접근이 아닌 부분적 접근이 되기 쉽기 때문에 동양철학의 맥락에서 개념에 대한 이해를 심화하기 어렵다. 본 연구는 문헌 자체의 논리에 집중함으로써 맥락 안에서 개념을 설명하고자 하였다. 이러한 방법은 동일 주제에 대한 후속 연구와의 연결을 통해 동양철학에서 운과 평등, 개인의 선택과 평등의 문제에 종합적으로 접근할 가능성을 열어둔다는 점에서 의미가 있다.

2. 『논형』에 대한 선행 연구 검토

한(漢)대의 대표적인 유학자 중 한 사람인 왕충은 선진(先秦) 유가의 계승자로 평가되기보다는 유가철학의 본령을 벗어난 철학자로 평가되고 있다. 왕충의 철학을 연구하여 『왕충』이라는 연구서를 출간한 임옥균은 왕충을 "인간의 능동적 역할을 강조하던 유학의 흐름과는 분명히 다른" 경향을 취한 철학자로 평가한다. 임옥균은 왕충이 "인도(人道)를 천도(天道)에 철저히 종속시킴으로써 우주에서의 인간의 능동적 역할을 과소평가하고 있다"[146]는 점을 그러한 평가의 근거로 제시한다.

본 연구는 왕충에 대한 기존의 평가에서 주요 근거로 제시된 『논형』을 분석한 결과, 왕충이 유가철학의 전통을 벗어나기는커녕 오히려 도덕철학으로서 유가철학의 본령을 명확히 하고자 했다는 결론에 도달하였다. 도덕철학과 정치철학이 유기적으로 결합된 유가철학의 특성상, 유가철학은 경우에 따라 처세술로 이해될 위험을 안고 있다. 왕충은 도덕철학으로서 유가철학의 본령을 명확히 함으로써, 당시 참위설[147] 등의 운명론에 휩쓸려 축소된 개인의 도덕적 실천과 국가 통치의 중요성을 재확인하고 있다.

『논형』은 왕충이라는 한 사람의 저자에 의한 일관된 논리와 체계를 지닌 완결된 저술로 알려져 있다. 왕충이 『논형』을 저술한 의

도는 자신의 일대기를 서술한 「자기(自紀)」[148]에 나타나 있다. 「자기」
는 다음과 같이 끝난다.

> 氣를 길러 스스로 지키며 적절히 먹고 절주하였다. 눈이 멀고 귀가 막
> 혀서 정기를 아끼고 스스로 보존하며 적절하게 몸을 보하고자 약을 먹
> 고 도인술을 써서[149] 性과 命을 연장할 수 있어 잠시라도 늙지 않기를
> 희망했다. 이미 늦어 돌이킬 수 없기에 책을 써서 후세에 보인다. …그
> 러나 命을 늘리지는 못하니, 한탄하며 슬프구나.[150]

현대의 관점에서 이 구절을 보면, 자신의 삶을 마무리하는 한 학자
의 자서전에서 기대할 수 있는 평범한 종결부이다. 나이가 들어가
면서 체력의 한계를 느끼는 학자는 학문을 계속하기 위해 자신의
건강을 살핀다. 기가 달리기 때문에 기를 보충하기 위해 보약을 먹
거나 폐활량을 늘리는 운동을 하고 절주, 금연 등을 실천한다. 그
럼에도 불구하고 한창 시절의 체력으로 돌아갈 수는 없으며 수명
을 늘리는 데도 한계가 있다. 이를 깨달은 학자는 수명으로 대표되
는 주어진 조건을 자신의 노력으로 늘릴 수는 없기에 주어진 수명
안에서 자신이 해야 한다고 생각하는 일, 즉 일생의 저작을 남기는
일을 하고자 한다. 그 일생의 저작에서 왕충은 동서고금을 통해 인
간사회에서 제기되는 문제, 현대사회에서도 흔히 마주하게 되는 문

제에 대해 답하고자 했다.

왕충의 철학에 대한 선행 연구는 氣, 性, 命 개념에 주목하고 있다. 알려진 바와 같이, 왕충은 동중서의 감응설, 하늘의 의지 등을 부정하고 자연과 인간을 설명하였다.[151] 이문규는 과학사의 맥락에서 이러한 왕충의 자연관에 주목하였다.[152] 신정근[153]은 "북송 시대에 이르러 理의 철학이 제기되기 이전에 氣의 철학이 세계의 발생과 운동을 설명하는 가장 강력한 이론적 틀"이라는 관점에서 왕충의 기 철학을 설명하였다. 그는 왕충이 "자연성과 무위성을 강조"하여 "기 운동에서 방향성을 일종의 목적으로 보고 그것을 빼내버렸다"고 보았다. 왕충의 "필연적 운명론"은 "인간의 실존 문제"[154]를 야기하게 된다.

박정윤은 왕충의 운명론이 결정론적 세계관으로 수렴한다는 점을 부정하지는 않지만, 신정근의 해석처럼 "운동이 진행될 수레바퀴 아래에 그냥 내맡겨져 있는" 인간 존재라는 필연적 운명론에는 반대한다. 그는 '제한적 자유'라는 말로 이를 설명하는데 그 근거는 性에 대한 해석이다. 그에 따르면 왕충의 性 개념은 생명, 본능, 욕구뿐만 아니라 '도덕적 본능'을 함축한 개념이다.[155] 소위 '자연'에 속하는 생명, 본능, 욕구 등은 타고난 운명에 달려 있으므로 결정론적 세계에 속하지만 性의 또 다른 측면인 '도덕적 본능' 덕에 '제한적 자유'를 누린다. '도덕적 본능'이란 한마디로 仁義禮智이다. 그는 '필연성에 의존한 자유'라는 말로 왕충의 자유를 정의한다. 박정윤은 "인간의 자유의지는 氣의 필연성에 제한적"이므로 이를 '필연성에 의존한 자유'라는 의미에서 '제한적 자유'라고 부른다. 그러나 그 내용을 살펴보면 선악의 실천은 결국 "환경적 조건"에 달려 있음을 알게 된다. 박정윤의 분석대로 왕충의 '필연성에 의존한 자유'에서 자유에 해당하는 실제 내용이 '환경적 조건에 따른 선악의 실천'이라면, 왕충의 운명론은 결국 사회윤리의 문제로 귀결된다.

선행 연구의 연장선상에서 본 연구는 '도덕적 주체로서 개인의 책임'이라는 주제로 왕충의 대표 저작인 『논형』에 초점을 맞추어 선행 연구에서 주목한 氣, 性, 命 개념을 사회윤리의 관점에서 재해석하고자 한다. '왜 어떤 사람은 복을 누리고 어떤 사람은 화를 입는가?' 『논형』의 출발점인 이 문제를 지금 제기해도 많은 사람들이 다음과 같이 답할 것이다. 개인의 행복과 불행은 타고난 조건 혹은 운명에만 달려 있지도 않고 그렇다고 개인의 노력에만 달려 있는 것도 아니라고. 과학을 비롯한 학문의 발달로 한 개인의 생래적 조건, 즉 생물학적 조건과 사회적 조건에 대해 과거와 비교할 수 없을 정도로 많은 정보를 가지고 있는 지금에도 한 개인의 행복과 불행에 대한 답은 크게 다르지 않다. 『논형』의 관점도 그렇다. 『논형』은 이러한 개인의 행복과 불행이 구체적으로 어떤 조건에 좌우되는지를 분석한 글이다. 현대의 분화된 여러 학문 분과에서도 개인의 행복과 불행에 대해 연구하며 그것이 구체적으로 어떤 생물학적·사회적 조건에 좌우되는지 밝히고자 노력한다. 현대의 연구자들과 마찬가지로 왕충 역시 이 문제에 대해 논리적 설명을 제시하고자 『논형』을 저술했다고 볼 수 있다.

3. 개인의 행복은 개인의 책임인가?

행복의 조건은 개인에 따라 다르지만, 한 시대 특정 사회가 공유하는 행복의 조건은 존재한다. 건강, 부유함 등은 동서고금을 막론하고 행복의 기본 조건에 포함된다. 행복의 여러 조건 중 소위 출세(出世)는 다른 사람의 인정을 필요로 한다. 글자 그대로 해석하면 '세상에 나아간다'는 뜻인 출세를 위해서는 개인의 자질보다 다른 사람의 인정이 중요하다. 개인의 특정 자질이 다른 사람들의 인정을 얻는 과정이라는 관점에서 출세를 보면 개인의 자질과 출세는 연관되어 있지만 그 관계는 필연적이지는 않다. 출세를 하려면 다른 사람의 인정을 얻으면 되는데, 다른 사람의 인정을 얻기 위한 자질이라는 것을 특정하기 어렵기 때문이다. 요즘 세간에 명성을 얻고 그 유명세를 바탕으로 부를 얻는 방법 중 인터넷, SNS를 활용하는 경우를 보면 그러하다. 뛰어난 자질을 가지고도 알려지지 못하고 묻히는 경우도 있고, 일반적으로는 인정받기 어려운 자질을 가지고도 여러 상황과 맞물려 인터넷, SNS 상에서 유명세를 얻어 자질을 인정받고 출세하게 되는 경우도 있다. 유명세에 따른 자질론은 인터넷, SNS 상에서 흔히 보는 일상의 논쟁 중 하나다.

『논형』이 쓰인 당시에는 출세를 위해 군주의 인정을 얻는 것이 중요했다. 왕충은 「봉우」편에서 개인의 자질이 뛰어나다고 해서 군주의 인정을 얻는 것은 아니며 군주의 인정을 얻는 일은 필연이 아닌 우연한 만남(遇)이라고 주장한다.

벼슬을 하는 것은 때가 있어서 구할 수 없다. 세간을 따르고 군주의 기준에 맞춰도 벼슬할 수가 없는데, 하물며 절개가 높고 뜻이 신묘하며 이익에 움직이지 않고 성품이 정해져 있고 자질이 완성되어서 군주의 시선을 받지 못하는 사람이라면? 등용되었다(遇) 해도, 미리 재능이 갖춰진 것이 아니며 유세도 미리 갖춰진 것이 아니다. 우연히 만나서 군주를 기쁘게 하고 그의 뜻에 닿게 되니 이를 우연(遇)이라고 하는 것이다. 만일 군주의 기준을 짐작하여 유세를 조율하여 존귀를 얻는다면 이는 계획(揣)이라고 이름하지 우연이라고 이름하지 않는다. 봄에 파종하고 곡식이 자라면 가을에 곡식을 수확하고, 물건을 구해서 얻고 일을 만들어 이루는 것은 우연이라고 하지 않는다. 구하지 않아도 저절로 이르고 만들지 않아도 저절로 이루어지는 것. 이것을 이름하여 遇라

고 한다.[156]

개인의 출세를 결정짓는 인정이 우연한 계기, 우연한 만남에 달렸다는 왕충의 주장은 현재 한국 사회에서 사용되는 운칠기삼(運七技三)이라는 말의 의미와 통한다. 출세를 비롯해 일의 성공과 실패에 작용하는 개인의 재능(技)은 일부이며 나머지는 성명할 수 없는 무언가, 즉 운에 달려 있다는 말은 왕충의 우연, 즉 개인의 자질이 인정받는 계기를 만난다는 遇와 통한다. 왕충은 「명의(命義)」편에서 遇를 군주를 만나서 등용되는 일이라고 정의할 정도로, 개인의 출세를 결정짓는 군주의 인정이 필연(必然)이 아닌 우연임을 강조한다. 개인의 길흉화복(吉凶禍福)에는 개인의 자질과 자질을 계발하는 노력보다 우연한 계기가 더 크게 작용한다는 그의 주장은 「누해(累害)」편에도 계속된다.

일반적으로 사람들 중에 벼슬 살면서 계속 남아 승진도 하지 못하고 행실에 절도가 있어도 행실이 온전치 못하다고 폄훼되며 죄과가 누적되어 면제도 못 받고, 명성은 어둠에 묻혀서 드러나지 못하는 경우가 있다. 재주가 낮아서도 아니다. 행실이 잘못되어서도 아니다. 또한 지혜가 영민하지 못함이 아니다. 책략이 모자라서도 아니다. 밖에서부터 온 화를 만나 해를 입기(累害) 때문이다. 사람의 행실만이 아니다. 만물이 모두 그러하다. 살아 움직이는 유는 모두 해를 입는다. 누해(累害)는 밖에서 오는 것이지 그 자신으로부터 유래하는 것이 아니다. 그런데 누해가 생기는 바를 궁구해보지 않고 해를 입은 자에게 책임을 돌리는 자는 지혜가 밝지 못하고 이치에 어두운 사람이다.[157)

개인의 길흉화복은 우연성에 기인한 바가 크며, 개인의 자질과 노력보다는 우연한 계기에 달려 있다는 주장은 개인의 행복과 불행의 원인을 전적으로 개인에게 돌릴 수 없다는 책임한계론으로 연결된다. 왕충은 세상 만물이 외부적 조건에 의해 변화하고 파괴되는데 인간만이 예외일 수는 없다고 주장한다. 개인의 책임 밖에 존재하는 상황적 조건에 따라 개인의 행복과 불행이 좌우된다면 자신의 행복과 불행에 대해 개인이 책임져야 하는, 책임질 수 있는 부분은 한정적이다. 자질이 뛰어나다고 인정받아서 누리는 행복이 자기 자신의 책임만이 아니듯이, 외부로부터 온 화를 막지 못해 겪는 고통 또한 자기 자신만의 책임은 아니다. 따라서 중요한 것은 위의 인용문에서 강조하듯이 해가 생겨나는 원인, 화가 오는 근원을 아는 것이지 뛰어난 능력을 포상하고 무능을 벌하는 것이 아니다.

개인의 화복이 생겨나는 원인을 설명하기 위해 왕충은 자신이 사용하는 주요 개념들을 다음과 같이 정리한다.

사람에게는 명(命)과 녹(祿)이 있고, 조우(遭遇)와 행우(幸偶)가 있다. 명은 빈부귀천이며 녹명은 흥망성쇠다. 명이 부귀에 해당하고 성한 녹을 만나면 항상 편안하고 위태롭지 않다. 명이 빈천에 해당하고 쇠한 녹명을 만나면 재앙이 이르고 항상 고달프며 즐겁지 못하다. 조(遭)는 통상을 벗어난 변고를 만나는 것이다. (중략) 우(遇)는 군주를 만나서 등용되는 것이다. (중략) 행(幸)은 우연히 얻게 된 좋고 나쁨을 말한다. (중략) 우(偶)는 임금을 섬기는 것을 말한다. 도리로써 군주를 섬기면 군주가 그의 말을 좋아하여 마침내 그를 등용하는 것은 우이다. 행동이 군주와 어긋나서 벼슬에서 물러나는 것은 불우다. (중략) 그러므로 조, 우, 행, 우는 간혹 명록과 나란히 가기도 하지만 어떤 경우는 명록과 멀다. (중략) 그러므로 세상 사람에게는 성(性)과 명(命)의 길흉이 있고 화(禍)와 복(福)의 성쇠가 있으며, 조(遭), 우(遇), 행(幸), 우(偶)와의 만남이 중첩되어, 수명에 따라 살고 자신의 선하고 악한 행실을 죽을 때까지 하면서 마음속에 품은 뜻을 이룰 수 있는 사람은 드물다.[158]

命과 祿은 『논형』에서 개인의 행복과 불행의 원인을 설명하는 데 근간이 되는 개념이다. 위의 인용문에는 이 두 개념에 더하여 遭, 遇, 幸, 偶도 등장한다. 개인의 행복과 불행에 관여하는 외부 요인이 이토록 다양하기에 삶은 우여곡절을 겪는다. 이러한 통제할 수 없는 변수들 때문에 제 명을 누리며 종신토록 자신의 행동과 뜻을 밀고 나갈 수 있는 사람은 드물다. 조우(遭遇)와 행우(幸偶) 둘로 구분한 이유를 추론해보면 다음과 같다. 전쟁이나 자연재해 등을 의미하는 조(遭), 군주에게 예기치 않게 발탁되는 우(遇)는 서로 반대가 되는 경우다. 전자는 외부 요인에 의해 개인이 자신의 명을 이탈해 불행으로 전락하는 경우를 의미하며, 후자는 그 반대의 경우, 즉 자신의 의도와 책임을 벗어난 외부 요인에 의해 자신의 명을 이탈하여 행복을 누리는 경우[159]다. 우연한 행운과 불운을 의미하는 행(幸), 군주와 통치 방법(道)이 맞아서 함께하거나 맞지 않아서 함께하지 못하는 경우를 의미하는 우(偶)는 幸에 幸과 不幸, 偶에 偶와 不偶가 포함된 개념이다. 왕충은 위의 인용문 외에도 명과 록에 대해 여러 편에 걸쳐 자세히 설명한다. 본 연구에서는 '왜 어떤 사람은 복을 누리고 어떤 사람은 화를 입는가?'라는 질문과 관련하여 개인의 책임과 한계를 밝히는 개념들로 두 개념에 접근할 것이다.

4. 개인의 책임과 그 한계

命은 개인이 타고난 것으로 개인마다 다르다. 수명은 대표적인 명으로 「무형(無刑)」편에 다음과 같이 설명되어 있다.

사람은 하늘[160]에서 원기를 부여받고 각각 수명을 받아서 크고 작은 형(形)을 지닌다. 이것은 마치 도공이 흙으로 그릇을 빚고, 대장장이가 구리로 쟁반을 만드는 것과 같다. 그릇의 형이 일단 완성되면 다시 줄이거나 키울 수 없듯이, 인체가 정해지면 줄이거나 늘릴 수 없다. 기를 사용하여 性을 만든다. 성이 형성되고 명이 정해진다. 인체의 기는 형과 서로 상호의존하며 생사는 기한과 서로 따른다. 형은 변화될 수 없고 명은 더하거나 줄일 수 없다.[161]

『논형』에 따르면 개인의 생사는 기본적으로 타고난 수명을 따르지만 명대로 살지 못하고 죽는 경우도 있다. 뒤에 언급하겠지만, 예컨대 홍수 등의 천재지변이나 전쟁을 만나면 제 명대로 살지 못하고 다수의 개인이 한날한시에 죽는 경우가 생긴다. 그러나 이는 제 명대로 살지 못한 것이지 타고난 명 자체가 바뀐 것은 아니다. 타고난 명을 바꿀 수는 없다는 주장에 대한 부연 설명이 다음과 같이 이어진다.

만물의 변화는 기(氣)를 따른다. 만약 정치에 응하여 그에 해당하는 상(象)이 나타난다고 해도 하늘이 수명을 늘리려고 해서 그 형을 바꾸는 것은 아니며, 또한 신묘한 풀과 진기한 약을 먹고 변화된 것도 아니다. 사람이 오랫동안 약을 복용하여 수명을 고수하면 타고난 명을 늘릴 수는 있다. 그 명이 늘어난 것은 우연한 변화이지 하늘의 정상적인 기가 아니며 또한 사람이 받은 진정한 性도 아니다. 천지가 변하지 않고, 해와 달이 바뀌지 않고, 별들이 없어지지 않는 것은 정상적이다. 사람은 정상적인 기를 받았기 때문에 형체가 변하지 않는다. (중략) 정치에 응해서 변화하는 것은 정상적인 性이 아니다.[162]

「무형」편에서는 개인이 태어날 때 이미 命이 주어지며, 기를 바탕으로 형성된 性도 주어진다고 말한다. 위의 인용문에서는 생명 연장과 주어진 命을 구분하고 있는데, 전쟁이나 천재지변으로 命을 다하지 못하는 경우와 주어진 命을 구분하는 논리와 통한다. 왕충은 약을 복용하는 등의 인위적인 노력으로 수명을 일정 정도 연장할 수 있다고 말한다. 그러나 이는 주어진 命과는 다르다. 타고난 수명과 인위적인 생명 연장을 구분해야 하는 논리는 命의 정의에서 찾을 수 있다. 개인이 타고난 것이어서 개인의 노력으로 바꿀 수 없는 것이 명이다. 왕충의 관점에서 보면 신기한 약을 먹거나 굿을 하면 명을 바꿀 수 있다는 주장은 사기다. 命이 바뀐다고 하는 근거를 들여다보면, 우연한 계기로 마치 命이 바뀌는 것처럼 보이는 것이다. 그렇다면 性은 어떠한가?

1) 性과 개인의 책임

『논형』에서 개인이 타고난 性은 개인의 노력으로 바꿀 수 있다. 性은 맥락에 따라 성품, 성격, 본성, 인성 등으로 번역하지만 특히 性에 초점을 맞춘 「솔성(率性)」편, 「본성(本性)」편의 맥락에서 性은 대개 '인간의 본성'보다는 개인의 성품, 성격에 가깝다. 本性은 글자 그대로 본래의 성품, 타고난 성품이다. 『논형』의 인성론은 맹자의 성선설, 순자의 성악설 등을 통합한 인성론으로 알려져 있다. 그러나 기존 인성론의 단순한 통합이나 절충은 아니다. 기존의 인성론에 대해 왕충은 "그것으로써 (사람들이 善을 행하도록) 가르칠 수는 있지만 성의 이치를 궁구하기에는 부족하다"[163]고 명확히 밝히고 있다. 왕충의 관점에서 성선설, 성악설은 모두 개개인이 선을 행하여 선한 性을 갖추도록 이끌고 교화하기 위한 수단으로서의 논거일 뿐, 性에 대한 보편적 정의가 될 수는 없다.

『논형』에서 '인간의 본성은 모두 선하다'라든가 '인간의 본성은 모두 악하다'라는 일반론은 의미가 없다. 개개인이 타고난 氣가 다르므로 그 기로 만들어진 性 역시 서로 다르다. 그 이유를 「본성」편에서는 다음과 같이 말한다.

사람이 받은 천지의 性과 품고 있는 오상의 氣[164]가 혹은 仁하고 혹

은 義한 것은 性의 (나타나는) 방법이 다르기 때문이다.[165]

왕충은 개개인의 性이 본성부터 다를 뿐만 아니라 심지어 선악이 있다고 주장한다. 개인이 타고난 性, 즉 본성은 氣로 이루어져 있는데, 仁하거나 義하면 선하다. 性의 나타나는 방식에 따라 당연히 선악을 구분할 수 있다. 개인의 性이 仁으로 나타나면 그 性이 仁하다는 것을 알고 '선한 사람'이라고 부를 수 있다. 또한 왕충은 기의 양, 그의 표현을 빌리면 기의 두께에 따라 본성의 선악이 정해진다고 말한다. 『논형』의 맥락에서는 육체와 정신의 이분법에 상응하는 기와 이(理)의 이분법이 존재하지 않는다. 性은 氣로 만들어져 있으므로 개인의 性에 속하는 仁, 義 역시 氣로 만들어져 있다. 왕충은 「率性」편에서 개인의 성품 차이를 곡식에 비유해 설명한다. 콩, 보리는 쌀, 수수와 맛이 다르지만 다 먹을 수 있다는 점에서 같다. 군자와 소인의 성품의 재료는 氣로 같지만, 군자는 두터운 기를 가지고 있어서 선하고 소인은 얕은 기를 가지고 있어서 악하다.

性에는 선악이 있다. 잔인하면 (하늘이) 부여한 인(仁)의 기가 얇고, 성내면 받은 용(勇)의 기가 두터운 것이다. 인의 기가 얇으면 포악하고 자애가 적으며 용의 기가 넘치면 사납고 의가 없으며 또 조화의 기가 부족하면 즐거워하고 성내는 것이 때에 맞지 않고 생각이 가볍고 어리석

다.[166]

타고난 성이 선한 사람도 있고 악한 사람도 있다. 위의 인용문에 제시된 근거에 따르면, 개인의 性을 구성하는 여러 자질들이 형성될 때 작용한 기의 양에 따라 선한 性과 악한 性으로 귀결된다. 타고난 명에 좋은 명과 나쁜 명, 장수와 단명이 있는 것과 마찬가지이다. 지체 높은 가문에 태어난 사람도 있고 부유한 부모에게서 태어난 사람도 있다. 이 지점에서 부귀와 장수가 반드시 좋은 것은 아니며 타고난 성이 선하거나 악하다는 관점도 모호하다고 비판할 수 있다. 이러한 비판적 시각이라면 애초에 왕충이 제기한 『논형』의 집필 계기가 된 질문, '왜 어떤 사람은 복을 누리고 어떤 사람은 화를 입는가?'에 대해 개인 차원의 상대주의적 답변, 예컨대 복과 화는 개인이 생각하기 나름이라는 정도의 답변을 내놓는 데 그칠 것이다. 이 질문에 답하기 위해 『논형』과 같이 장대한 저서를 집필한 왕충의 의도에 동의하는 사람들이라면 사회적으로 통용되는 선과 악, 부귀와 빈천, 장수와 단명, 행복과 불행 등의 도덕적 가치 기준이 존재한다는 점에도 동의할 것이다. 타고난 기질과 성에도 그 사회의 사람들이 일반적으로 동의하는 선과 악이 있다. 타고난 기질(氣)과 그 기질로 만들어진 성품(性)이 온화하고 어질어서(溫良)[167] 말도 아직 익히지 못한 영아기에도 잘 때 자고 먹을 때 먹어서 부모를 편하게 하는 아기가 있고, 타고난 기질과 성품 탓에 자야 할 때도 자지 못하고 먹어야 할 때도 잘 먹지 못하여 부모에게 불효하는 아기가 있다. 그런데 타고난 기질과 성품이기에 그 아기에게 책임을 물을 수는 없다는 주장과 타고난 기와 그 기로 만들어진 성에 선과 악이 없다는 주장을 동일시하는 것은 오류다.

사실상, 사람의 성에는 선도 있고 악도 있다. 사람의 재주에 높음도 있고 낮음도 있는 것과 같다. 높음이 낮음일 수 없고 낮음이 높음일 수 없다. 사람의 성에 선악이 없다고 말한다면 이는 사람의 재주에 높낮이가 없다고 말하는 것이다. 성을 받는 것과 명을 받는 것은 동일한 사실이다. 명에는 귀천이 있고 성에는 선악이 있다. 사람의 본성에 선악이 없다고 하는 것은 사람의 명에 귀천이 없다고 하는 것이다.[168]

왕충은 타고난 氣, 性, 命은 개인의 책임 밖에 있으므로 개인에게 책임을 물어서는 안 된다고 강하고 분명하게 말한다. 『논형』을 저술한 표면적 계기는 개인의 화복에 있지만 그 숨은 의도는 여기에 있다. 그럼에도 타고난 氣, 性, 命에조차 가치 판단은 개입한다. 좋은 기질, 선한 성품, 장수와 부귀한 명을 타고난 개인이 있다. 다만, 이를 일생에 잘 보존할 수 있는가의 여부는 개인과 사회에 달린 문제다. 개인의 노력만으로 좋은 기질, 선한 성품, 부귀와 장수를 누릴 수는 없고, 사회적 환경이 뒷받침되어야 한다는 것이 왕충의 주장이다.

타고난 성품은 살면서 바뀐다. 따라서 性을 계도하는(率性) 일이 중요하다. 「솔성(率性)」편의 시작은 다음과 같다.

사람의 성품을 논하면 반드시 선이 있고 악이 있다. 선한 사람은 선으로부터 한결같은 것이다. 악한 사람도 교육과 권고, 인도와 노력을 통해서 선하게 할 수 있다. 모든 군주와 부모는 신하와 자식의 性을 살펴서, 선하다면 길러주고 힘껏 이끌어주어서 악에 가깝지 않도록 한다. 악에 가까우면 돕고 금지하여 악으로부터 선으로 천천히 움직이게 한다. 악이 선에 의해 변화하면 性이 되어 행동하게 된다.[169]

왕충은 개인의 성품 변화에서 주변 환경의 중요성을 강조했는데, 소위 근묵자흑 근주자적(近墨者黑 近朱者赤)의 시각과 다르지 않다. 개인의 의지와 노력으로 바꿀 수 있는 성품조차 주위 사람들의 도움이 없다면 바꾸기 어렵다고 강조한다. 특히 군주로 대표되는 인사권자, 부모로 대표되는 교육자는 개인의 자질을 공정하게 판단하여 이에 합당한 칭찬, 포상, 지위를 부여하는[170] 데 그칠 것이 아니라, 먼저 개인이 선으로 귀결될 수 있는 환경을 마련해주도록 힘써야 한다. 개인의 성품은 개인의 노력에 따라 변화할 수 있으므로 개인에게 책임을 물을 수 있지만, 개인만의 책임이 아닌 것이다. 비록 선한 성품을 타고났다고 해도, 군주나 부모의 도움은커녕 악한 군주, 악한 부모 아래에서 평생 악에 물들 수밖에 없는 환경 속에서 살아온 탓에 점점 악한 성품으로 변한 개인에게 자신의 성품에 대한 온전한 책임을 물을 수는 없다는 결론에 다다른다.

사람의 성품이란, 선이 변하여 악이 될 수 있고 악이 변하여 선이 될 수 있음이 이와 같다. 쑥이 마 사이에서 나면 붙들지 않아도 저절로 곧게 되고 흰 비단이 검은 물감에 들어가면 염색하지 않아도 저절로 검어진다. 쑥의 본성은 곧지 않고 비단의 바탕은 검지 않지만 마가 지탱해 주고 검은 물감이 물들이면 곧게 되고 검게 된다. 사람의 성품도 쑥이나 흰 비단과 같아서 점점 물들어 선이나 악으로 변한다.[171]

개인의 성품에 교육을 포함한 환경이 중요하다면 타고난 성품의 중요성은 약화된다. 이러한 맥락에서 성선설, 성악설 등 인간의 본성에 대한 선악 논의는 중요성을 상실한다. 그러나 개인의 성품을 개인의 노력으로 바꿀 수 있다고 해서 개선의 가능성을 무한긍정하지는 않는다. 성품도 개인의 노력으로 바꿀 수 없는 경우가 있다. 바로 양주, 묵적의 경우다. 성품이 너무 상하거나 근본으로부터 너무 멀어지면 다시 변할 수 없다. 「솔성」편에서는 사람의 성품이 선이나 악으로 점차 바뀌어가는 것을 실을 청색이나 홍색으로 염색하는 일에 비유한다. 일단 청색이나 홍색으로 염색이 되면 본래의 색과 마찬가지가 되어버린다고 한 후에 다음과 같이 양주와 묵적을 예로 든다. "그런 까닭에 양자는 갈림길에서 통곡했고 묵자는 염색하는 실을 보고 통곡했다. 상하고 근본으로부터 멀어지면 다시 변할 수 없다."[172]

특별한 경우를 제외하고 타고난 性은 살아가면서 변하기에 개인의 노력으로 개선할 수 있다. 따라서 자신의 性에 대해 개인에게 책임을 물을 수 있다. 그러나 타고난 性과 더불어 바꿀 수 있는 개인의 性에도 한계가 있으므로 개인이 자신의 성에 전적으로 책임을 질 수는 없다. 命은 性과는 달리 개인의 노력으로는 바뀌지 않는다. 왕충은 개인의 화복은 자신의 노력으로 일정 정도 바꿀 수 있는 性보다는 태어날 때 주어진 채로 바뀌지 않는 命에 달려 있다고 주장한다.

2) 개인의 책임을 벗어나는 命

명(命)은 『논형』의 주요 개념 중 하나일 뿐만 아니라 『논형』을 대표하는 주제다. 性은 개인의 노력 여부에 따라 바뀌지만 命은 그렇지 않으므로, 개인의 노력으로 바꾸기 어려운 부분을 命, 바꾸기 쉬운 부분을 性이라 부를 수 있다. 왕충이 命이 아닌 우연에 불과하다고 일축한 생명 연장을 예로 들어보자. 현대사회에서 의학을 비롯한 과학의 발달은 개인의 노력 여하에 따라 수명이 연장될 수 있다고 가르친다. 예컨대 금연과 비만 예방이 장수에 도움이 된다는 것은 상식이 되어버렸다. 천명으로 바꿀 수 없다고 여겨졌던 수명이 개인의 노력 여하에 따라 늘어나거나 줄어들 수 있다면, 수명은 상당 부분 개인의 특성이 된다. 장수하는 성격과 명을 재촉하는 성격, 장수하는 개인의 특성과 단명하는 개인의 특성에 대한 다양한 연구, 이러한 연구결과를 바탕으로 한 건강 상식의 확산, 건강 상식에 기반을 둔 개인적·집단적 행동 통제는 현대인의 일상이다. 역으로, 과학은 개인의 수명이야말로 타고난 것, 곧 천명임을 알려준다. DNA를 비롯한 개인의 생체정보를 바탕으로 개인의 수명을 예측하고 질병과 관련된 DNA를 제거함으로써 개인의 수명을 늘리려는 시도는 개인의 수명이 타고난 것임을 증명한다. 왕충의 용어로 '개인이 몇 살까지 살 것인가'는 命과 性에 달려 있는데, 어떤 부분이 命이며 어떤 부분이 性인지, 어떤 부분이 개인의 노력만으로 바꿀 수 없는 부분이며 어떤 부분이 노력으로 바꿀 수 있는 부분인지, 어떤 부분을 숙명으로 받아들여야 하며 어떤 부분을 노력으로 극복해야 하는지 등의 문제에 대한 연구가 현재에도 다양한 학문분과에서 이루어지고 있다.

왕충은 『논형』에서 이 주제를 命이라는 개념하에 논한다. 다음은 「명의(命義)」편의 시작 부분이다.

묵가의 이론에 의하면 사람의 죽음에는 명(命)이 없다. 유가의 이론에 의하면 사람의 죽음에는 명이 있다. 명이 있다는 것은 "삶과 죽음에는 명이 있으며 부귀는 하늘에 달렸다"는 자하의 말에 나타난다. (중략)[173] 수만 명 가운데도 명이 길어서 아직 죽음을 맞지 않을 사람이 반드시 있었겠지만 때가 쇠하여 여기저기 전쟁이 일어나자 그 수명을 다할 수가 없었던 것이다. 사람의 명에는 길고 짧음이 있고 때에는 성쇠가 있다. 때가 쇠하면 병에 걸린다. (개인이) 재화를 입는 것은 (때가 쇠하는) 증거다. (중략) 그러므로 나라의 명은 개인의 명을 이기고 개인의 수명은 녹명(祿命)을 이긴다.[174]

위 인용문은 『논형』이 정의하는 命의 개념을 이해하는 데 중요하다. 나라(國)로 대표되는 사회적 상황이 개인의 命을 이긴다. 개인의 수명은 개인의 녹명을 이긴다. 개인의 命은 정해진 것인가 아닌가 하는 논쟁이 이 지점에서 좀 더 섬세하게 전개된다. 전자는 유가, 후자는 묵가의 주장인데, 『논형』에 따르면 이 대립은 命 개념을 정교화하여 일단 해소되고, 『논형』의 출발점이 된 질문 '왜 어떤 사람은 복을 누리고 어떤 사람은 화를 입는가?'를 상기함으로써 새롭게 전개된다. 『논형』에서는 性과 命이 구분되며, 命에 대한 기본적인 관점은 유가의 관점에서 크게 벗어나지 않는다. 개인의 노력으로 일정 부분 바뀔 수 있는 性과는 달리, 命은 개인의 노력으로 어쩔 수 없는 타고난 것이다. 이러한 의미에서 命은 있으며(有) 정해진 것이다. 그러나 개인이 타고난 명이 개인의 삶을 통해 그대로 전개되지는 않는다. 命이 그대로 실현될 수 없는 수많은 사회적 상황들이 존재한다. 이러한 의미에서 命은 없으며(無) 정해진 것이 아니다.

命 개념을 명확히 이해하기 위해 "國命勝人命 壽命勝祿命"이라는 구절을 좀 더 살펴볼 필요가 있다. 이 구절에는 『논형』에 나타난 命 개념의 특징이 함축되어 있다. 첫째, 國으로 대표되는 사회집단의 命과 개인의 命을 구분한다. 둘째, 개인의 命을 수명과 녹명으로 구분한다. 셋째, 이렇게 구분된 命에는 개인의 삶에 미치는 영향력에 따른 위계가 있다. 이 세 가지 특징을 좀 더 자세히 논하면 다음과 같다.

첫째, 國命과 개인의 命의 구분에서 주목할 점은 개인을 개인이 속한 공동체와 구분되는 주체로 본다는 점이다. 개인의 命은 개인이 속한 국명의 영향하에 놓여 있지만, 전적으로 국명에 지배되는 것은 아니다. 이러한 맥락에서 본다면 『논형』에서는 '국가가 잘 다스려지면 백성은 저절로 잘 살게 된다'는 논리는 성립하지 않는다.

국가가 잘 다스려진다고 해도 백성이라 불리는 개개인은 각자의 命과 性에 따라 잘 살 수도 그러지 않을 수도 있다. 국명이 개인의 명을 이긴다는 말은 국가가 잘 다스려지면 그에 속한 개개인은 자신의 명과 성을 복을 누리는 방향으로 실현하기 쉽고, 반대로 국가가 잘 다스려지지 않으면 화를 입는 방향으로 실현하기 쉽다는 뜻이지 개인의 명이 국가의 명에 완전히 종속된다는 뜻은 아니다. 개인의 명이 전적으로 국명에 지배된다면 이 둘을 굳이 구분할 필요가 없다. 명과 성에 따라 자신의 삶에서 복 또는 화로 연결되는 의사결정을 하고 그 의사결정에 따라 행동을 하며 그 행동에 따라 자신의 성을 바꿔나가는 개인은 의사결정의 주체이며 행동의 주체라 할 수 있다.

둘째, 녹명(祿命)은 소위 출세와 관련된 命이다. 앞서 언급했듯이, 출세는 세상 사람들로부터 자질을 인정받아 사회적으로 높이 평가되는 자격과 자리를 얻는다는 의미다. 개인의 수명이 다른 사람과 무관하게 정해지는 반면, 녹명은 다른 사람, 특히 주위 사람들의 인정을 바탕으로 한다. 부귀빈천이 그것이다. 우선, 타고나는 부귀빈천이 있다. 개인이 출생과 더불어 갖게 되는 사회적 지위와 부는 다르다. 그후의 삶에서 겪게 되는 부귀빈천 역시 크게 다르지 않다. 요컨대, 왕충은 부귀빈천이 개인의 노력에 달려 있다는 믿음을 비판한다. 「명록(命祿)」편에 따르면, 개인의 성공과 실패는 타고난 자질을 바탕으로 이를 갈고 닦는 개인의 노력, 즉 性에 달려 있는 것이 아니라, 주위 사람들의 인정에 달려 있다. 군주의 인정을 얻어 귀하게 되거나 주위 사람들의 인정을 받아 부유하게 되는 것은 반드시 개인의 능력과 자질, 즉 性이 탁월하기 때문만은 아니라는 뜻이다. 주위 사람들의 인정과 개인의 뛰어난 자질 사이에는 필연적 관련이 존재하기는커녕 이 둘의 관계는 거의 무관하다고 할 수 있다.

『논형』에서 개인의 명을 사회적 인정에 따라 구분하게 된 계기를 다음의 인용문에서 찾을 수 있다.

세상에 말하기 좋아하는 사람들은 재능이 높은 자는 당연히 장상이 되고 재능이 낮은 자는 농사꾼이나 상인이 된다고 한다. 지혜와 능력이 있는 선비가 관직이 그에 미치지 못하는 것을 보면 이상하게 여기면서 "이는 반드시 행실이 조신하지 못하기 때문이다"라고 헐뜯는다. 또 행실이 조신한 선비에게는 "이는 반드시 재주와 지혜가 모자라기 때문이다"라고 비방한다. 이는 재주와 지혜와 행실이 아무리 훌륭하다고 해도 벼슬과 지위와 부와 녹에는 명이 있음을 알지 못하는 것이다. 재주와 지혜가 있는 사람이 (명이) 길하고 (녹이) 성한 때 일을 벌여서 복이 온 것인데, 사람들은 재주와 지혜가 뛰어나기 때문이라고 말한다. (명이) 흉하고 (녹이) 쇠하여 화가 온 것인데, 어리석고 어둡다고 말한다. 이는 명에 길흉이 있고 녹에 성쇠가 있음을 알지 못하기 때문이다.[175]

현대사회의 일상에서도 이러한 세간의 평은 흔히 발견된다. 자격과 자리가 능력으로 대표되는 개인의 자질에 따라 결정된다는 혹은 결정되어야 한다는 믿음을 능력주의라 할 때, 왕충은 이러한 능력주의가 사실로든 당위로든 성립되기 어렵다는 주장을 펼친다. 묵가가 주장하는 능력주의, 즉 '현자(賢者)가 높은 지위에 올라 권력을 가져야 한다', '자리와 능력이 일치해야 한다'는 능력주의의 당위성을 왕충은 녹명이라는 개념을 내세워 비판한다. 타고난 자질을 바탕으로 이를 변화·발전시켜 형성되는 개인의 자질만으로는 부귀를 얻을 수 없다. 부귀와 관련된 福은 개인의 노력을 벗어나 시간과 공간에 달려 있는 부분이 더 크다. 개인이 높은 사회적 지위를 얻거나 부를 축적하여 부자가 되는 문제는 개인의 자질 그 자체보다는 '어떤 시대, 어떤 사회에 태어났는가', '어떤 인간관계 속에 존재하는가' 등 사회적 조건에 의해 좌우된다. 개인의 자질이 다른 사람의 인정을 얻을 수 있는가의 여부는 개인이 속한 시공간에 달린 문제다. 녹명은 개인의 부귀빈천이 천시(天時)와 지리(地理)에 의해 크게 좌우될 수밖에 없다는 유가철학의 주장을 녹명이라는 개념으로 재확인한 것이다.

『논형』은 학파를 막론하고 능력주의에 함축된 결정론적 시각을 경계한다. 개인의 부귀빈천에는 개인이 통제할 수 없는 변수가 크게 작용한다고 해도, 개인의 자질 자체, 즉 사람됨의 문제는 개인의 노력에 달린 부분이 크다. 선한 사람, 탁월한 사람이 반드시 높은 지위에 오르고 부를 누리는 것은 아님을 보여주는 사례는 많다. 공자가 대표적이다. 공자가 말하는 위기지학(爲己之學)과 위인지학(爲人之學)의 구분은 선한 사람이 되고자 하는 개인의 노력이 사회적 인정을 얻기 위함이어서는 안 된다는 점을 밝히고 있다. 이는 부귀에 대한 혐오나 부정이 아니다. 다만 목적과 결과의 혼동을 경계한 말이다. 性을 선한 쪽으로 바꾸고자 하는 개인의 노력을 學이라 한다면 學의 지향점은 오직 善 그 자체이며, 사회적 인정을 얻어 누리게 되는 부귀는 노력에 수반된 의도하지 않은 결과라 할 수 있다.

재주가 뛰어나고 행실이 후덕해도 반드시 부귀해지리라고 보장할 수는 없으며 지혜가 모자라고 덕이 천박해도 반드시 비천해지리라 보장할 수는 없다. 간혹 뛰어난 재주와 후덕한 행실을 지녀도 명이 나빠서 폐위되고 승진하지 못하며 지혜가 모자라고 덕이 천박해도 명이 좋아서 등용되고 차례를 뛰어넘어 승진한다. 따라서 일을 처리할 때의 지혜와 어리석음, 행실의 청탁은 性과 재주다. 관직의 귀천과 사업의 빈부는 命과 때다. 명이라면 노력으로 안 되며 때라면 힘으로 안 된다. (중략) 관직을 맡을 만한 재주는 같아도 그 귀천은 명의 다름이며,[176] 생업을 꾸리는 지혜가 마찬가지라도 그 빈부는 녹의 다름이다.[177]

『논형』의 맥락에서 묵가가 말하는 '능력이 뛰어난 사람', 즉 현자(賢者)를 재해석한다면, 현자는 개인의 자질보다는 오히려 일의 결과에 따라 부여되는 명칭이라 할 수 있다. 홍수를 막은 우(禹)를 예로 든다면, 홍수를 막을 수 있는 자질은 우가 홍수를 막는 일을 하기 전에도 갖춰져 있을 가능성이 크다. 만약 당시의 사회적 조건이 홍수를 막는 일과 같은 대단위 치수 사업을 필요로 하지 않는 사회적 조건이었다면, 우가 그 일에 발탁되지 않았다면, 우는 능력 있는 사람으로 인정받지 못했을 것이다. 마을에서 소일거리로 도랑 치고 가재 잡는 사람 정도였을 수 있다. 특정 자질을 인정받을 수 있는 사회적 조건이 현자를 낳는다. 우가 누린 부귀공명은 우의 자질 이상의 여러 변수들에 의해 결과로서 야기된 것이지 우의 자질과 노력만으로 이루어진 것은 아니다. 홍수가 빈번했던 당시 상황, 치수 사업의 필요성을 인지한 당시 사람들, 이 일에 우를 발탁한 순의 혜안, 우의 치수 사업을 무시하거나 시기하지 않고 칭송한 당시 사람들의 인정 등 일일이 다 인지할 수 없는 많은 변수들에 의해 현자 우가 탄생할 수 있었고 부귀를 누릴 수 있었다. 현자가 있고 그를 발탁해서 능력에 맞는 자리를 주는 것이 통치라는 묵가의 주장은 원론적으로는 맞지만, 『논형』의 맥락에서 보면 단순한 결정론으로 흐를 위험이 있다. 천시(天時)와 지리(地理)를 강조하면 이 또한 命 개념을 결정론으로 몰고 갈 위험이 있다. 녹명은 개인의 노력을 폄하하는 운명 결정론과 더불어 묵가가 주장하는 능력 결정론을 동시에 비판하는 개념이라 할 수 있다.

命의 위계에서 주목할 점은 命이 서로 관련되어 있다는 점이다. 관련되어 있기에 위계가 존재한다. 공동체와 개인의 관계에서는 國으로 대표되는 공동체의 명이 개인의 명을 이긴다. 개인 차원에서는 수명이 녹명을 이긴다. 당연한 말이지만, 두 쌍의 구분은 서로 무관하지 않으며 역시 위계로 연결되어 있다. 국명이 수명을 이긴다. 앞서 언급한 홍수, 전쟁의 상황을 보면 알 수 있다. 이를 「기수 (氣壽)」편에서는 수명에 두 가지 성격의 명이 있다고 표현한다. 첫째는 외부적 명이고, 둘째는 내부적 명이다.[178] 이 두 가지 명을 현대의 관점에서 보면, 수명을 결정하는 여러 요인을 외부적 요인과 내부적 요인으로 구분한 것이라 할 수 있다. 앞서 홍수와 전쟁 상황을 예로 든 「명의」편에서는 전자, 즉 외부적 요인을 개인의 명으로 보지 않고 국명을 비롯한 공동체의 명으로 보았다. 「기수」편의 수명에 대한 설명과 「명의」편의 수명에 대한 설명은 일견 엇갈리는 것처럼 보이지만, 「명의」편에서 제시한 命의 위계를 대입하면 서로 통한다. 전염병, 홍수, 전쟁 등 공동체의 명, 즉 외부적 요인이 개인이 튼튼하고 약하고 장수하고 요절하는(彊弱壽夭) 명, 즉 내부적 요인을 이긴다.

개인의 복과 화를 좌우하는 命과 性은 서로 연결되는 개념이라기보다는 구분되어야 하는 개념이다. 즉, 개인이 타고난 최초의 자질에서 이미 결정되었다고 봐도 될 정도로 바꾸기 어려운 부분은 命, 최초의 자질에서 개인의 노력에 따라 바꿔나갈 수 있다고 보는 부분은 性이다. 명과 성 사이에 필연적인 인과관계는 없다. 예컨대 '어느 나라에 태어났는가'는 개인의 命이지만, 밝고 '낙천적인 성격인가, 어둡고 비관적인 성격인가'는 개인의 性이다. 전쟁 중인 나라에 태어나도 낙천적으로 그 고통을 이겨내고자 하는 성격으로 살아갈 수 있으며, 평화롭고 부유한 나라의 부유한 가정에서 태어났는데도 어둡고 비관적인 성격일 수 있다. '개인의 삶이 행복한가, 고통스러운가'의 문제에는 개인의 명과 성 사이의 관련성보다 명 사이의 위계에 따른 관련성이 더 크게 영향을 미친다. 식민 지배를 겪는 사회, 내란에 시달리는 사회, 극심한 차별이 존재하는 사회에서 개인이 행복을 추구하기란 쉽지 않다. 이러한 상황에서 개인이 누리는 부귀는 개인의 의도나 노력과는 무관하게 악으로 귀결될 가능성이 크다.[179) 모두가 이상적으로 생각하는 녹명을 가지고 태어나 그 녹명에 따라 행복을 누리며 살아갈 것 같은 개인도 급작스러운 죽음 앞에서는 어쩔 수 없다. 현대사회에서 과학의 발달과 민주주의의 진보, 개인의 권리 증진에 따라 명의 위계에 따른 영향력 자체는 줄어들었지만, 아직 대다수의 개인들에게 국명은 개인의 명을, 수명은 녹명을 이긴다. 이러한 맥락에서 『논형』의 관점은 비록 선진(先秦), 한당(漢唐)의 문헌 중에서는 개인에 주목하지만, 대부분의 유가철학 문헌과 마찬가지로 자유주의보다는 공동체주의에 가깝다.

3) 공동체의 命

國으로 대표되는 공동체의 命이 개인의 命을 이긴다는 관점을 좀 더 살펴볼 필요가 있다. 우선, 개인과 마찬가지로 國에도 정해진 命이 있다는 관점은 國뿐만 아니라 家 등 개인이 속한 다른 공동체에도 그 공동체의 흥망성쇠, 길흉화복과 관련된 命이 있다는 의미로 해석할 수 있다. 국가를 국가에 속한 개인들의 총합으로 보는 자유주의적 시각에서 본다면 공동체의 길흉화복이라는 말 자체가 성립하지 않는다. 『논형』의 관점은 개개인의 길흉화복의 총합으로 환원될 수 없는 공동체의 命이 있을 뿐만 아니라, 공동체의 흥망성쇠가 달린 공동체의 命에 따라 공동체에 속한 개인의 命이 좌우된다는 것이다. 『논형』에서 예로 드는 전쟁 상황은 현대에도 적용된다. 사회가 안정되고 개인의 자유가 법적·현실적으로 보장되는 국가에서 사회적으로 인정받는 뛰어난 자질을 가지고 부유한 귀족 집안에 태어나 부귀를 누릴 命이라고 스스로도 확신하고 여러 점술가로부터도 이러한 운명을 확인받은 20세기 초 프랑스의 한 개인이 세계대전에 참전했다가 전사하는 상황을 상상해볼 수 있다. 일제침략기의 대표적인 독립운동가인 이회영 개인의 命도 망국이라는 國命을 만나지 않았다면 크게 달라졌을 것이다.

공동체의 命과 개인의 命을 구분하고 명 사이에 위계를 설정하는 왕충의 관점은 개인이 속한 공동체의 命은 공동체에 속한 개개인의 命으로 환원된다는 관점을 반박하고 있다. 전쟁, 전염병, 자연재해 등으로 발생하는 다수의 죽음에 대해 모두 한날한시에 같은 장소에서 죽을 운명을 타고났기 때문이라고 설명한다면, 命이라는 개념으로 개인의 삶을 해석하려는 왕충의 관점에서는 설득력이 없다. 이러한 해석은 전쟁, 전염병, 자연재해가 개인의 命에 달려 있다는 주장과 같다. 특정 시점에 홍수로 백 명의 사망자가 발생했다면, 그 시점에 죽을 命을 가진 백 명이 그 장소에 모여 있었기 때문에 그 자리에 홍수가 발생했다고 해석되는 것이다. 그 백 명이 겨울산에 있었다면 눈사태가, 화산 지역에 있었다면 화산 폭발이 일어날 것이다. 이러한 해석은 개인의 命에 공동체의 命이 달려 있다는 관점으로, 공동체의 命에 개인의 命이 달려 있다는 관점과 대척점에 있다. 『논형』에서 왕충은 命을 구분하고 구분한 命에 위계를 부여함으로써 이러한 양 극단의 해석을 피한다.

『논형』에서 왕충이 제시하는 國命이란 구체적으로 무엇을 의미하는가? 國命이 개인의 命과 구별되는 어떤 것이라면, 國의 흥망성쇠가 통치자인 군주 개인의 命으로 환원되거나 國에 속한 백성들 개개인의 命의 총합으로 환원될 수 없는 무엇이어야 한다. 국명이 백성들 개개인의 명으로 환원될 수 없다는 왕충의 시각이야말로 국명과 개인의 명을 구분하게 된 계기에 해당한다고 앞에서 언급하였다. 그렇다면 국명이 통치자 개인의 명에 달려 있다는 관점은 어떠한가? 만약 국명이 군주 한 사람의 명이라면, 홍수 등 자연재해와 국가 간의 전쟁, 전염병 등으로 많은 사상자가 나는 경우, 이를 통치자의 자질 부족으로 환원할 수 있어야 한다. 가뭄이 들면 통치자가 기우제를 지내며 자신의 허물을 용서해달라고 하늘에 비는 경우가 이러한 관점에 해당한다. 『논형』에 나타난 왕충의 시각은 통치자의 자질 부족으로 환원될 수 없는 무언가가 존재한다는 것이다. 앞서 인용한 「명록」편의 내용, 즉 자질이 뛰어난데도 불구하고 벼슬을 하지 못하는 사람에 대해 자질이 부족하기 때문이라고 생각하는 세간의 오해에 대한 왕충의 비판에서 이를 추론할 수 있다.

『논형』에서 국명은 별자리를 보면 알 수 있다.[180] '命'이 무엇에 의해 결정되는가'에 대해 왕충은 「명의(命義)」편에서 성상(星象)을 언급하며 다음과 같이 말한다.

별들은 하늘에 있으며 하늘에는 象이 있다. 부귀의 상을 얻는다면 부귀해지고 빈천의 상을 얻으면 빈천해지므로 하늘에 달렸다고 한다. 하늘에 달렸다는 것은 어떤 것인가? 하늘에는 백관(百官)이 있고 별들이 있다. 하늘은 氣를 베풀고 별들이 精을 베푸는데 하늘이 베푼 기 가운데는 별들의 기가 있다. 사람은 기를 받고 태어나 기를 머금고 자란다. 귀해질 명을 얻었다면 귀하게 되고 천해질 명을 얻었다면 천하게 된다. 귀함에도 품수의 높고 낮음이 있으며 부유함에도 재물의 많고 적음이 있는데, 이는 모두 별자리의 높고 낮음과 크고 작음에 따라 부여된 것이다. 그러므로 하늘에는 백관이 있고 별들이 있으며 땅에도 만민, 오제, 삼왕의 정기가 있다. 하늘에 왕량과 조보가 있어서 인간 세상에 역시 (왕량과 조보 같은 사람이) 있으며 그 (두 별자리의) 기를 받았기 때문에 말 다루기에 기교가 뛰어났다.[181]

국명뿐만 아니라 개인의 수명, 녹명이 하늘의 기를 받은 별의 정기에 달려 있을 뿐만 아니라 국가와 개인의 모든 역사가 성상(星象)과 일치한다는 왕충의 관점은 당대에 학문의 주류를 형성했고, 현대에도 점성술 등에 남아 있다. 왕충의 관점을 받아들이면, 命을 알고 그에 따른 의사결정을 하기 위해 국가와 개인이 해야 하는 중요한 일은 별자리를 관찰하는 일이다. 『논형』의 상당 부분을 차지하는 별자리와 관련된 내용은 국가와 개인의 행복을 위한 핵심적인 논의이다. 가족, 국가, 세계 등 개인이 속한 공동체의 미래는 개인의 미래와 관련되어 있을 뿐 아니라 거시적으로는 개인의 미래에 결정적인 영향을 미친다는 왕충의 관점은 현대 과학의 발달로 더욱 구체성을 띠게 되었다. 개인과 국가의 운명은 단지 개인의 노력이나 통치자의 애국심에 달린 문제가 아니다. 현대의 과학은 점성술 수준을 넘어 과학적 근거와 설명틀을 가지고 개인에게 주어진 조건과 개인의 책임을 넘어서는 외부 요인을 설명함으로써 개인의 선택을 돕고 국가가 처한 상황을 다각적으로 분석하여 국가의 정책 수립에 결정적 영향을 끼친다.

『논형』에서 개인의 命과 구분되는 國命이라는 관점은 국명이 통치자의 자질에 달려 있는 것이 아니라는 관점으로 연결된다. 통치자의 자질과 국가의 흥망성쇠 사이에는 필연성이 없다. 자질이 탁월한 통치자라도 국가가 망할 운명을 막을 수 없고, 무능한 통치자의 치세에도 국가는 번영을 누릴 수 있다. 이렇게 볼 때, 자질이 뛰어난 통치자, 예컨대 요순과 같은 선한 통치자는 걸주와 같은 악한 통치자와 어떤 차이가 있는가? 국명이 별자리에 달려 있다는 논리대로라면 요순이든 걸주든 국명을 좌우할 수는 없다. 폭군의 시대에도 국가가 망하지 않은 사례가 있는 반면, 성군의 시대에도 국가가 망하는 사례가 있을 수 있다. 세상 사람들은 자질이 뛰어난 사람이 벼슬을 못하면 자질이 부족한 것이 아닌가 의심한다. 성군의 시대에 국가가 망하면 성군이 아닌가 의심하고 폭군의 시대에 국가가 망하지 않으면 폭군이 아닌가 의심할 것이다. 세상 사람들의 이러한 오해에 대해 왕충은 몇 개념으로 반박한 바 있다. 그럼에도 불구하고 요순의 치세에 망국을 당하는 백성과 걸주의 시대에 망국을 당하는 백성은 차이가 있다.

왕량과 조보가 좋은 마부라 칭찬받는 것은 (성품이) 나쁜 말을 좋게 할 수 있기 때문이다. 만약 좋은 말만 몰 수 있고 나쁜 말은 복종시킬 수 없다면 이는 보통 마부들의 기술일 뿐이니 무엇이 기이하여 세상 사람들이 칭찬하겠는가? 그러므로 "왕량이 수레에 오르면 말이 둔하지 않고, 요와 순이 정치를 하면 광폭하고 어리석은 백성이 없다"고 하였다. 또한 "요와 순의 백성은 집집마다 (제후로) 봉해질 만하며, 걸과 주의 백성은 집집마다 주살을 당할 만하다", "이러한 백성들을 삼대[182]에는 도에 따라 행동할 수 있었다"고 전한다. 성군의 백성은 이렇게 되고 악한 군주의 백성은 저렇게 되니 결국 교화에 달린 것이지 性에 달린 것이 아니다.[183]

자질이 뛰어난 통치자라도 국명을 좌우할 수 없지만, 국가에 속한 개개인의 성격 형성에 영향을 미칠 수는 있다. 예컨대 농번기에 백성을 동원해 통치자의 오락을 위한 주지육림을 만드는 등 폭군의 치세에 시달린 개개인은 생업에 제대로 종사할 수 없어서 생기는 가난과 더불어 언제 어떤 일에 동원될지 모르는 불안, 통치자의 명령을 따르지 않을 경우 발생하는 불이익 등으로 피폐해져서, 다른 사람을 배려하고 예의를 지키지 못하는 '죽어도 싼' 사람이 되기 쉽다. 만약 고복격양(鼓腹擊壤)하던 요순 시대라면 홍수나 전쟁을 만나도 자기만 살겠다고 남을 해치거나 혼란을 틈타 자신의 이익을 추구하는 개인이 적을 것이다. 이 차이는 크다.

5. 결론

『논형』은 자유주의적 정의론에서 제기하는 운과 평등의 문제를 개인의 책임과 도덕의 문제로 해석한다. 개인의 길흉화복은 대부분 개인의 책임 범위를 벗어나는, 개인이 타고난 운의 문제이기에 본질적으로 불평등이 내재되어 있다. 따라서 개인의 행복을 위해서는 개인의 노력보다는 별자리를 관측해서 운을 아는 것이 중요하다. 반면, 개인의 도덕적 완성은 개인의 책임 범위 안의 문제로 볼 수 있으므로 개인의 노력이 중요하다. 따라서 만약 개인의 삶의 가치가 길한 운과 복을 따라 부귀를 누리는 데 있지 않고 도덕적 완성에 있다면, 개인에 따라 노력의 정도 차이는 있지만 도덕적 완성에 이르는 기회는 누구에게나 평등하게 열려 있다고 볼 수 있다. 이러한 관점은 현대사회에도 적용 가능하다. 개인의 삶의 가치가 부와 권력에 있다면 이는 개인의 노력보다는 외부 조건, 즉 운(luck)에 달린 부분이 크다. 그러나 개인의 삶의 가치가 도덕적 완성에 있다면 이는 자신의 노력에 달린 부분이 크다. 나쁜 자질과 나쁜 사회적 조건 등 나쁜 운을 타고난 개인이 자신의 나쁜 운을 극복해 가는 과정이야말로 오히려 도덕적 완성에 이르는 길로 볼 수 있다.

개인의 책임과 관련하여 『논형』의 논지를 좀 더 구체적으로 요약하면 다음과 같다. 첫째, 『논형』은 개인을 국가와 구별되는 도덕적 주체로 본다는 점에서 개인에 주목한다. 개인의 책임을 인정하며 국가를 비롯한 공동체의 책임으로 돌리지 않는다. 개인은 국가가 잘 다스려지면 저절로 선을 실천하는 백성이 아니다. 자기 자신의 氣와 性, 그리고 命을 가지고 태어나 자신의 命대로 氣와 性에 따라 살아가는 존재다. 외부의 영향이 없다면 타고난 자신의 命대로 살다가 죽을 것이다. 性은 자신의 의지로 바꿔나갈 수도 있다. 개인은 다른 개인이나 국가 등의 공동체와 命을 같이하지 않는다. 다른 개인과 한날한시에 죽는다 해도, 이는 어쩌다 그렇게 된 우연일 뿐 명을 같이한 것은 아니다. 개인의 명은 오로지 자기 자신에게 부여된 것이다. 둘째, 『논형』은 개인에 주목하지만 동시에 도덕적 개인주의에 대한 비판서이자 개인에게 전적으로 책임을 묻는 자유주

의에 대한 비판서로도 읽을 수 있다.『논형』의 관점에서 보면, 개인
은 자신의 행동에 대해 전적으로 책임을 질 수 있는 존재가 아니
다. 상황의 영향력이 개인의 의지와 노력을 이긴다. 개인의 자질에
따른 성공과 실패는 개인의 노력의 결과라기보다는 '동시대 사람들
이 그의 특정 자질을 인정하고 성공으로 이끌어주느냐, 아니냐'에
달려 있다. 이는 묵가 등이 주장하는 능력주의, 즉 현자(賢者)는 능
력이 있기에 출세한다는 믿음과는 배치되는 주장이다.『논형』의 철
학사적 가치에 비추어 연구성과가 미미한 이유 중 하나는『논형』
을 운명론에 치우친 문헌으로 단정하기 때문이다. 철학의 주제로서
운명론은 운명론의 대척점에 위치하는 자유와 비교해 덜 매력적인
주제라 할 수 있다. 또한, 조원일을 비롯한 선행 연구에서『논형』에
나타난 운명론의 구조가 이미 규명되었다. 사실『논형』은 동양철학
뿐만 아니라 철학 일반의 다양한 주제에 대하여 의미 있는 시사점
을 제공할 수 있는 풍부한 문헌이다. 그런 점에서 시각을 좀 더 넓
힐 필요가 있다.

　본 연구는 기존의 연구들과 시각을 달리하여, 性으로 제한된 개
인의 책임의 영역이야말로 자유의 영역 그 자체임을 결론으로 제시
하고자 한다. 운명론의 관점에서『논형』을 본다면, 행동과 삶의 선
택에서 개인의 책임은 극히 미미하거나 박정윤의 관점대로 '제한적'
일 수밖에 없다. 도덕철학으로서 유가철학의 본령은 출세가 아니

라 선한 사람이 되고자 하는 노력이다. 이 노력이『논어』의 시작인 學의 의미이자 유가 도덕철학의 정체성을 규정한다. 맹자의 사단(四端)을 핵심으로 하는 유가의 도덕은 선한 사람과 악한 사람을 구분하여 가려내는 도덕적 잣대가 아니다. 군자와 소인의 구별조차도 그 구별 자체에 의미가 있는 것이 아니라, 모든 사람이 군자가 되도록 노력하는 데 도움을 주기 위한 예시일 뿐이다. 도덕철학의 관점에서 본다면,『논형』의 핵심은 솔성(率性)이지 봉우(逢遇)가 아니다.『논형』에서 '운을 잘 타고 나야 한다'는 주장은 결국 길흉화복은 운에 맡기고 개인은 오로지 선의 실천에 집중하라는 결론으로 연결된다. 개인이 개인의 책임하에 할 수 있는 것은 선한 사람이 되고자 하는 노력이다. 개인은 자연의 필연성과 통제할 수 없는 외부 요인에 좌우되는 길흉화복에 헛된 노력을 하지 말고 선의 실천에서 개인의 자유를 누려야 한다. 인간 개인에게 자유란 애초에 제한적일 수밖에 없다. 이러한 관점에서 보면,『논형』으로부터 현대철학에서 유가철학이 담당해온 역할 중 하나, 다시 말해 개인의 도덕적 선택에 대한 책임을 전적으로 개인에게 묻는 자유주의의 한계에 대한 비판과 개인의 도덕적 선택에 대한 공동체의 책임을 강조[184]하는 논거를 발견할 수 있다.

6

이어가며

고대 중국철학을 대상으로 개인주의 관련 연구를 하면서 지속적으로 받아온 질문이 몇 가지 있다. 그중 하나는 앞서 밝힌 "서구 사회의 맥락에서 형성된 개인주의가 고대 동아시아에 존재할 수 있는가?"라는 질문이다. 나는 다음과 같은 가설을 세웠다.

인간을 개인으로 보는 관념은 보편적으로 존재한다. 다만 그 관념의 표현이 다를 뿐이다.

인간을 개인(individual)으로 보는 관점은 인간을 사람(person)으로 보는 관점만큼이나 보편적이다.[185] 서구, 비서구를 막론하고 어느 사회에서나 인간을 개인으로 보는 관념, 사람으로 보는 관념이 존재할 수 있다. 고대 동아시아 사회를 통해 바라본 보편적 인간. 이 것이 고대 중국철학자들의 연구대상이다. 고대 중국철학의 문헌에 담긴 개인이라는 관념이 구체적인 언어로 표현되지 못한 채 역사에 묻혔거나 혹은 표현되더라도 그 표현 방식이 서구의 개인과 달라서 '개인'에 대한 관념으로 인정받지 못했다는 가설이다. 개인이라는 관념은 보편적으로 존재하지만, 개인을 표현하는 방식은 사회에 따라, 사상가에 따라, 문헌에 따라 다르다. 개인의 속성으로서 개인성, 개인 및 개인성과 관련된 제반 현상으로서 개인주의는 차이가 더욱 크다.

서구와 비서구의 분명한 차이는 대상이 아니라 주체다. 서구와 비서구를 하나의 관점, 하나의 분석틀과 관련해 동등한 대상으로 보는 것이 아니라, 서구라는 주체가 비서구를 대상화하는 문제로부터 서구와 비서구의 차이가 생겨난다. 서구에 있는 개인주의가 비서구에는 없다. 특수한 역사의 산물인 서구가 보편적 표준이 되어, 서구의 언어와 개념으로 번역되고 설명되지 못하면 존재하지 않는 것으로 결론 내려진다.

또 다른 차이는 연구의 역사다. 서구에는 사상가에 따라, 문헌에 따라 다르게 표현된 개인, 개인성, 개인주의를 서로 비교하고 분석하여 공통점과 차이점을 찾아내고 그로부터 개념을 정의해온 개념사가 존재한다. 그러나 동아시아 사상사에서 개인은 개념사의 대상이 아니었다. 그렇다고 존재하지 않았다고 볼 수는 없다는 것이 내 연구의 착안점이다. 개인은 동아시아 사상사의 맹점이다. 따라서 내 연구는 맹점을 대상으로 한 연구이므로 처음부터 분명한 개념 정의가 가능할 리 없다. 이 가능하지 않은 요구가 두번째 질문이다. "개인주의란 무엇인가?" 흔히 내 연구에는 모든 연구의 서론에 등장하는 개념 정의가 없거나 불명확하다고, 그래서 논의 자체가 모호하다고 지적을 받곤 한다. 그런데 나는 두 가지 이유에서 아직 그 지적에 제대로 답할 수 없다. 첫째, 서구의 사전적 개념을 가지고 그 눈으로 고대 중국철학의 문헌을 보면 그것 이상을 볼 수가 없다. 『순자』에서 홉스, 『장자』에서 벌린을 발견하는 것 이상으로 확장하기 어렵다. 그렇다고 개념의 도움 없이 연구를 수행할 수도 없다. 그래서 '자유', '평등', 그리고 조심스럽게 '개인' 등의 개념어만을 가지고 페팃, 벌린 등 몇몇 학자들의 정의를 빌려 연구를 시작한다. 둘째는, 앞에서 밝혔듯이 아직 고대 중국철학에서 개인주의에 대한 내 나름의 명확한 개념 정의를 할 수 있는 단계가 아니다. 현 단계에서는 "개인주의란 무엇인가?"라는 질문에 대한 답변으로 개념 정의를 위한 문헌 연구를 통해 서구의 개념사에서 빌려온 요약 정도를 제시할 수 있을 것이다. 이렇게 되면 첫번째 문제로 되돌아간다. 그 눈으로 보면 그것의 외부를 볼 수 없다. 밝은 눈으로 명확하게 보려 할수록 맹점은 볼 수 없다. 고대 중국철학에서 개인에 대한 연구는 맹점에 대한 연구이므로, 기존의 시각으로는 연구를 할 수 없다. 그렇다고 기존 개념으로부터 아무런 도움을 받지 않고 연구하기도 어렵다. 백안시. 개념어만을 가지고 소수의 대표 학자들만 인용하여 불명확하고 어정쩡한 잠정적 결론에 도달하는 연구. 곁눈 뜨고 바라보는 어둠.

"아직도 정신은 조선시대야!"라는 한탄 섞인 자조는 비단 현대 한국 사회에 살고 있는 개인들에 국한되지 않으며, 국가의 역사, 민족의 역사의 연장선상에 살고 있는 전 세계인들을 향하고 있다. 그러나 이는 더 이상 한탄할 문제, 극복해야 할 문제가 아니다. 오히려 자세히 들여다보아야 할 문제다. 근대를 살고 있는 전근대인. 이는 분명 여러 가지 문제를 야기한다. 자유롭고 평등하기에 서로 연대해야 하는 개인이 전제된 근대의 헌법에 따라 조직된 사회 속에서 가족, 종교 집단, 민족 등 공동체의 일원으로 살아가는 사람들. 개인이 아니라 공동체의 일원으로서, 공동체에 의해, 공동체를 위해 사는 사람들. 이는 근대사회의 현상이다. 한탄 섞인 자조에 나타나는 옳고 그름의 문제가 아니다. 근대는 옳고 전근대는 그르다고 생각하거나 혹은 그 반대의 생각으로 근대사회와 전근대인 사이의 불화를 해결할 수는 없다. 그 이유는 자명하다. 근대를 살고 있는 전근대인은 공동체의 일원으로서 불평등하게 부여된 자유를 법으로 여기며 살아가던 전근대인과는 다르기 때문이다.

전근대사회에 존재하던 근대인들 역시 근대적 사고 탓에 자신들의 사회와 불화를 겪었을 것이다. 이 책이 대상으로 삼는 문헌에 나타난 근대적 사고는 분명 단편적이다. 근대의 헌법 위에 살고 있는 현대인들조차 불화 탓에 일관되고 체계적인 사고가 어려운데, 하물며 전근대사회의 근대인들이야. 언제인들 근대인이 없었으랴. 이 책이 보여주는 바는 딱 거기까지다.

참고문헌

고은강,

「중국철학에서 개인주의에 관한 일고찰―先秦 철학에 나타난 정치공동체와
개인」,『태동고전연구』26, 2010.

「선진(先秦) 유학에서 '윤리적 존재(ethical being)로서 개인'에 관한 일고찰」,
『인문논총』28, 2011.

「선진(先秦) 유가철학에서 위험사회론:『맹자(孟子)』 '무항산(無恒産)'을 중심으
로」,『철학탐구』30, 2011.

「『순자(荀子)』에서 예(禮)와 평등」,『아태연구』19-3, 2012.

『결코 근대인이었던 적이 없는 동아시아인』, 서강대학교 출판부, 2013a.

「양생(養生)의 제도적 장치로서 예(禮)에 대한 일고찰(一考察)―여씨춘추(呂氏
春秋)를 중심으로」,『인문논총』32, 2013b.

「회남자(淮南子)에서 禮에 관한 一考察」,『동아시아문화연구』55, 2013c.

「禮와 비지배의 자유에 관한 일고찰」,『철학논집』36, 2014a.

「『한비자』에서 자유의 의미에 관한 일고찰」,『인문연구』72, 2014b.

「소요유(逍遙遊)의 자유에 대한 소고」,『인문논총』41, 2016.

강정인, 『서구중심주의를 넘어서』, 아카넷, 2004.

강지연, 「순자의 인간본성론에 관한 소고」, 『철학연구』 115, 2010.

권영백, 「순자의 성악설과 자연법사상」, 『아세아연구』 18, 1965.

김도균, 「'불간섭으로서의 자유'와 '비예속상태로서의 자유'—한국사회의 자유담론과 관련해서」, 『법과사회』 39, 2010.

김도일, 「양주학파의 두 지류」, 『철학논구』 30, 2000.

김동수, 「荀子人性論의 考察」, 『인문논총』 22-1, 1982.

김병환, 「양주 학파의 자연 생명 사상」, 『중국철학』 7-1, 2000.

김상래, 「荀子 인성론에서의 '欲'의 의미와 윤리적 함의」, 『동서철학연구』 69, 2013.

김성동, 「윤리의 기원에 관한 한 연구」, 『大同哲學』 35, 2006.

김수중, 「원시유가의 덕목들과 도덕원리」, 『철학연구』 51-1, 2000.

김영식 옮김, 『열자: 마음을 열면 내일이 열린다』, 홍익출판사, 1997.

김태명, 「관자의 정치경제사상에 관한 고찰」, 『유라시아연구』 5-3, 2008.

김필수 외 옮김, 『관자』, 소나무, 2015.

김학주 옮김, 『순자(荀子)』, 을유문화사, 2003.

김학주 옮김, 『열자(列子)』, 연암서가, 2011.

김희정, 「『管子』四篇의 구원론으로서 治身思想」, 『도교문화연구』 18, 2003.

남경희, 「리바이어던의 정명(正名); 홉스와 순자(荀子)에서 국가 권력과 언어주체」, 『동서철학연구』 47, 2008.

노덕빈·이해영, 「맹자의 과욕설(寡欲設)에서 순자의 양욕설(養欲說)까지」, 『퇴

계학보』124, 2008.

류희성, 「순자철학에서 '도덕성'은 무엇에 근거하는가」, 『동양철학』 13, 2000.

박상혁, 「자유주의 정의론에서 평등과 책임의 요구: 드워킨의 롤즈 비판에 대한 응답」, 『철학연구』 95, 2011.

박석준·최승훈, 「『管子』 四篇 等에 나타난 精氣說 考察」, 『동의생리병리학회지』 8, 1993.

박일봉 옮김, 『장자(莊子): 외편(外篇)』, 육문사, 2000.

박정윤, 「왕충(王充)의 명정론(命定論)[운명론(運命論)]과 제한적 자유」, 『철학연구』 33, 2007.

박종철, 『양주철학의 특징 연구』, 고려대학교 석사학위논문, 2014.

박현애 외, 「『관자(管子)』 4편(編)의 심(心)의 의미에 대한 연구(硏究)」, 『대한한의학원전학회지』 24-6, 2011.

서종호, 「荀子의 欲望論」, 『한국민족문화』 24, 2004.

성백효 옮김, 『맹자집주(孟子集註)』, 전통문화연구회, 2002.

쉬무엘 N. 아이젠스타트, 임현진 외 옮김, 『다중적 근대성의 탐구』, 나남, 2009.

신정근, 「전국시대 2단계 心 담론으로서 管子 心學의 의의」, 『동양철학연구』 57, 2009.

신정근, 「기(氣) 철학자들의 우연성에 대한 성찰」, 『동양철학연구』 52, 2007.

신창호, 「관자의 현실주의 사상과 교육관」, 『한국교육사상연구회 제35회 학술논문집』, 2007.

심우섭, 「관자(管子) 정치철학사상의 현대적 조명」, 『동양철학연구』 21, 동양 철학연구회, 1999.

심우섭, 「순자 철학사상의 현대적 조명」, 『유교문화연구』 1, 2002.

유명종, 「양주의 생명철학」, 『철학연구』 23, 1976.

유제희, 「荀子와 HOBBES의 政治思想比較研究」, 『政治論叢』 25, 1990.

유희성, 「양주는 극단적 이기주의자인가?」, 『동양철학연구』 47, 2006.

윤대식, 「경세가 관중(管仲)과 텍스트 『관자(管子)』 사이」, 『정치사상연구』 22-2, 2016.

윤지원, 「『管子』 4篇에 나타나는 心 개념연구」, 『철학연구』 123, 2012.

이문규, 「논형(論衡)에 나타난 왕충(王充)의 자연관」, 『한국과학사학회지』 15-2, 1993.

이사야 벌린, 박동천 옮김, 『자유론』, 아카넷, 2014.

이승률, 「荀子 「天論」편의 天人分離論 연구」, 『동방학지』 156, 2011.

이승환, 「유가는 '자유주의'와 양립가능한가?」, 『유가 사상의 사회철학적 재 조명』, 서울: 고려대학교 출판부, 1998.

이은호, 「『관자사편(管子四篇)』에서 심(心)의 이중구조」, 『동양철학연구』 58, 2009.

이재룡, 「전기 순수법가의 국가관: 상앙의 국가관을 중심으로」, 『법철학연 구』 3-2, 2000.

임옥균, 『왕충』, 서울: 성균관대학교 출판부, 2005.

임정아, 「밀의 '민주적 자유' 개념에 대하여: 벌린의 두 가지 자유 개념을 넘어서」,『동서철학연구』59, 2011.

임정아,「'불간섭으로서의 자유'와 '종속으로부터의 자유' 비교」,『범한철학』
64-1, 2012.

장승구,「『관자(管子)』의 철학사상 연구」,『한국철학논집』45, 2015.

장승희,「관자의 윤리사상」,『윤리연구』85, 2012.

정용미,「『管子』의 修養論에 대한 고찰:『管子』「四篇」을 중심으로」,『철학논
총』48, 2007.

정용미,「『管子』의 정치관에 나타난 위민의식」,『철학논총』59, 2010.

정우진,「선진(先秦)시기 양심(養心)적 양생술의 전개에 관한 연구」,『동양철
학연구』71, 2012.

정유선 옮김,『열자(列子)』, 동아일보사, 2016.

정인재,「중국사상에서의 사회적 不平等: 순자의 禮論을 중심으로」,『人文硏
究論集』21, 1992.

정재상,「중국 고대 인성론의 재인식」,『철학사상』60, 2016.

조긍호,『유학심리학』, 나남, 1998.

조원일,「순자 성악설의 현대적 조명」,『중국학논총』32, 2011.

조원일,「왕충의 성명론 연구」,『한중인문학연구』40, 2013.

조원일,「상앙의 법치사상 연구」,『동양문화연구』23, 2016.

조원일,「『관자(管子)』의 경제사상에 대한 연구」,『동서철학연구』85, 2017.

조천수,「동양에서의 변법과 개혁: 상앙의 변법개혁과 법치사상」,『법철학연
구』7-2, 2004.

존 롤즈·에린 켈리 엮음, 김주휘 옮김, 『공정으로서의 정의』, 이학사, 2016.

최연식·유능한, 「칼 포퍼의 점진적 정치공학과 법가의 정치기획」, 『한국동
  양정치사상사연구』 6-1, 2007.

최영찬, 「순자(荀子)의 자연관과 인간이해」, 『철학연구』 122, 2012.

토마스 모어, 주경철 옮김, 『유토피아』, 을유문화사, 2017.

프랑수아 라블레, 유석호 옮김, 『가르강튀아 팡타그뤼엘』, 문학과지성사,
  2004.

필립 페팃, 곽준혁 옮김, 『신공화주의』, 나남, 2012.

하능허(Ling Hsu Ho), 「法家的 人性論」, 『중국학보』 28-1, 1988.

한승연, 「상앙의 법사상과 책임정치」, 『한국행정학보』 51-4, 2017.

황수임·윤무학, 「『한비자』에 반영된 선행 법가」, 『유학연구』 41, 2017.

小林信明, 『列子』, 東京:明治書院, 1967.

山口義男, 『列子研究』, 東京:風間書房, 1976.

大瀧一雄 譯, 『論衡: 漢代の 異端的 思想』, 東京: 平凡社, 1965.

山田勝美, 『新釋漢文大系: 論衡』 上, 中, 下, 東京: 明治書院, 1976, 1979,
  1984.

日原利國, 『漢代思想の研究』, 東京: 硏文, 1986.

田鳳台, 『王充思想析論』, 臺北: 文津出版社, 1988.

佐藤匡玄, 『論衡の研究』, 東京: 創文社, 1981.

汤一介, 李中华 主编, 『中國儒學史』, 北京: 北京大學, 2011, p. 429~444.

黃暉 撰, 『論衡校釋』, 北京: 中華書局, 1990.

Ole Bruun and Michael Jacobsen, "Introduction", Michael Jacobsen and Ole Bruun eds., *Human Rights and Asian Values,* London: Routledge Curzon, 2000.

Wm. Theodore De Bary, *East Asian Civilizations,* Cambridge: Harvard University Press, 1988.

A. C. Graham, *The book of Lieh~tzŭ,* New York: Columbia University Press, 1990.

Chaibong Hahm, "Family versus the Individual", Daniel A. Bell and Hahm Chaibong eds., *Confucianism for the Modern World,* Cambridge: Cambridge University Press, 2003.

Peter Nosco, "Confucian Perspectives on Civil Society and Government", Daniel Bell ed., *Confucian Political Ethics,* Princeton: Princeton University Press, 2008.

Wei-ming Tu, *Confucian Ethics Today: the Singapore Challenge,* Singapore: Federal Publications, 1984.

Hui Wang, "Zhang Taiyan's Concept of the Individual and Modern Chinese Identity", Wen-hsin Yeh ed., *Becoming Chinese: Passages to Modernity and Beyond,* Berkeley, Los Angeles, London: University of California Press, 2000.

Marcel Mauss, *Sociologie et Anthropologie,* Paris: Presses
Universitaires de France, 1973.

주

1) 이러한 생각은 '다중적 근대성(multiple modernity)'으로부터 비롯되었다. 아이젠스타트에 따르면, "'다중적 근대성'이라는 용어의 가장 중요한 함의 중 하나는 근대성과 서구화는 동일하지 않다는 점이다. 서구적 유형의 근대성은 역사적 전례를 가졌으며 다른 국가에 기본적 참조점이 되기는 하지만 유일한 '진정한' 근대성은 아니다."(아이젠스타트, 2009, p. 93) 그가 '다중적 근대성'의 개념을 통해 지적하고자 하는 바는 근대성을 서구화와 동일시하는 오류다.

2) 필자는 이 주제로 2013년 『결코 근대인이었던 적이 없는 동아시아인』을 출간하였다.

3) 서구의 개인주의와 동아시아의 집단주의를 대별하는 이분법적 접근에 대해서는 조긍호(1998) 참조.

4) reverse orientalism: '동양(orient)'을 '서구' 사회에 대한 '타자'로 정의함으로써 '서구(인 혹은 사회)'로서 자신들의 정체성을 확립하는 작업이 오리엔탈리즘이었다면, 오리엔탈리즘의 결과물을 그대로 수용하여 '타자'를 '주체'로 바꾸어 '동양(인 혹은 사회)'으로서 자신들의 정체성을 확립하는 작업을 역-오리엔탈리즘이라 한다.

5) Nosco, 2008.

6) 예컨대 Tu, 1984.

7) 예컨대 Hahm, 2003, p. 357.

8) 예컨대 De Bary, 1988, p. 138.

9) 왕후이는 "청대 말에는 '개인' 및 '자기(self)'에 대한 다양한 개념들이 등장한다(Wang Hui, 2000, p. 232)"고 주장한다.

10) '아시아적 가치' 논쟁에서 '아시아적 가치'와 개인성의 대립 관계는 Bruun and Jacobsen(2000) 참조.

11) 조긍호(1998) 참조.

12) 페팃, 2012, p. 5.

13) 앞의 책, p. 241~242.

14) 앞의 책, p. 245.

15) 고은강, 2012, p. 133.

16) 고은강, 2014a, p. 93~94.

17) 고은강, 2016, p. 152~154.

18) 임정아(2011)의 견해는 다르다. 임정아는 벌린이 적극적 자유와 소극적 자유를 구분하는 과정에서 "반사회적이고 반의무적"이며 정치적인 것으로부터 분리된 개념으로 소극적 자유를 정의했다고 지적하고, 밀의 자유 개념은 벌린의 소극적 자유 개념과 같은 개념이 아니라 적극적 자유를 실현하기 위한 전제조건으로서 소극적 자유이기 때문에 포괄적인 자유 개념으로 이해해야 한다고 주장한다. 밀의 자유 개념이 벌린의 소극적 자유 개념에 비하여 포괄적이라는 임정아의 지적은 일견 타당하지만, 이는 벌린이 소극

적 자유를 적극적 자유와 구분하고자 했던 바로 그 취지에 해당한다. 벌린은 기존의 포괄적인 자유 개념으로는 자유 개념들 사이의 충돌을 설명하기 어렵기에 적극적 자유와 소극적 자유라는 의미 구분을 통해 이를 설명하고자 하였다(벌린, 2014, p. 376~377).

19) 불간섭의 자유와 이 개념들에 대한 논의는 김도균(2010), 임정아(2012) 참조.

20) 〈서구중심주의를 넘어서〉라는 연구기획에 따라 2015년 10월 13일 서강대학교에서 열린 작은 세미나에서 발표한 글이다.

21) 이 발표문에서 단어나 문장의 앞뒤에 붙은 " "는 『서구중심주의를 넘어서』에 인용한 부분을 표시한 것이다.

22) 강정인, 2004, p. 513.

23) 유제희, 1990, p. 99.

24) 정인재, 1992, p. 57.

25) 앞의 논문, p. 71.

26) 남경희(2008) 역시 홉스와 순자를 비교하였다.

27) 김성동, 2006, p. 130.

28) '차등의 질서가 국가를 다스리는 데 필수불가결한 요소이며 禮 체제는 이를 목적으로 한다'는 주장의 근거로서 해석될 수 있는 부분은 예컨대 「왕제(王制)」편에서 발견된다. "신분이 고르면 세상이 다스려지지 않을 것이고, 세력이 고르면 세상이 통일되지 않을 것이며, 대중이 고르면 부릴 수가 없을 것이다. 하늘이 있고 땅이 있어 위아래의 차별이 있듯이, 밝은

임금이 서야만 비로소 나라를 다스리는 데 제도가 있게 되는 것이다. 대체로 양편이 모두 귀한 사람이면 서로 섬길 수가 없고 양편이 모두 천하면 부릴 수가 없는데 이것은 하늘의 섭리이다. 세력과 지위가 같으면서 바라는 것과 싫어하는 것도 같으면, 물건이 충분할 수가 없을 것이므로 반드시 다투게 된다. 다투면 반드시 어지러워지고, 어지러워지면 반드시 궁해질 것이다. 옛 임금들은 그러한 혼란을 싫어했기 때문에 예의 제도로써 이들을 구별해주어 가난하고 부하고 귀하고 천한 등급이 있게 하여 서로 아울러 다스리기 편하게 하였는데, 이것은 천하의 백성들을 기르는 근본이 되는 것이다(分均則不偏 埶齊則不壹 衆齊則不使 有天有地而上下有差 明王始立而處國有制 夫兩貴之不能相事兩賤之不能相使 是天數也 埶位齊而欲惡同 物不能澹則 必爭爭則必亂 亂則窮矣 先王惡其亂也 故制禮義以分之 使有貧富貴賤之等足以相兼臨者 是養天下之本也).*(김학주 옮김, 2003, p. 218)

이 구절은 『순자』를 利 중심의 인성론에 기반을 둔 공리주의 통치론으로 해석할 수 있는 근거를 제공한다.

29) 고은강(2014b) 참조.

30) 고은강(2011) 참조.

31) 롤즈, 2016, p. 58.

32) 라블레, 2004, p. 254.

33) 모어, 2017, p. 97~98.

34) 이에 관해서는 고은강(2012, p. 151~152) 참조. "인간은 모여 산다. 모여 살며 개인의 욕망을 추구한다. 모여 살며 개인의 욕망을 추구하는 과정에서

다툼이 생긴다. 이 다툼을 막기 위해 나눔(分)이 필요하다. 우선, 개인들을 집단으로 구분한다. 그리고 각각의 집단에 합당한 수(數)를 정한다. 이것이 분수(分數)이며 禮 실현의 골자다. 禮는 구체적인 실천에서 分과 數로 나타난다. 분수에 따라 개인 간, 집단 간에 차등이 발생한다. 그러나 이러한 차등이 곧 불평등을 의미하지는 않는다. 禮는 자유주의적 평등을 실현하는 기제다. 개인과 집단을 나누는 禮의 지향점은 비지배로서의 자유를 보장하는 평등이다. 본 연구는 분수에 따라 발생할 수도 있는 차등에 禮의 핵심이 있는 것이 아니라, 나눔 그 자체에 禮의 핵심이 있다고 보았다."

35) 심우섭(2002), 조원일(2011) 등 『순자』의 핵심 사상을 현대사회의 맥락에서 재해석한다는 목적을 전면에 내세운 연구에서도 근대적 개인성에 초점을 맞추지는 않는다.

36) 번역서로부터 인용한 경우에는 번역자와 출처를 밝히겠다.

37) 이 부분에 대한 해석은 『순자』의 인성론, 욕망론에 관한 대부분의 연구에서 유사하다.

38) 「禮論」, 禮者 養也.

39) 김학주 옮김, 2003, p. 535~536.
「禮論」, 故天子大路越席 所以養體也 側載睪芷 所以養鼻也 前有錯衡 所以養目也 和鸞之聲 步中武象 趨中韶護 所以養耳也 (중략) 孰知夫出死要節之所以養生也 孰知夫出費用之所以養財也 孰知夫恭敬辭讓之所以養安也 孰知夫禮義文理之所以養情也.

40) 앞의 책, p. 480.

「天論」, 天職旣立天功旣成 形具而神生 好惡喜怒哀樂臧焉 夫是之謂天情 耳目鼻口形能各有接而不相能也 夫是之謂天官 心居中虛 以治五官 夫是之謂天君 財非其類以養其類 夫是之謂天養 順其類者謂之福 逆其類者謂之禍 夫是之謂天政.

41) 감각기관의 기능을 언급한 천관(天官)과의 호응을 고려하여 '기능하다'로 번역하면 뒤에 대구가 되는 역(役)의 번역과도 조응한다.

42) 「天論」, 暗其天君 亂其天官 棄其天養 逆其天政 背其天情 以喪天功 夫是之謂大凶 聖人淸其天君 正其天官 備其天養 順其天政 養其天情 以全其天功 如是則知其所爲 知其所不爲矣 則天地官而萬物役矣 其行曲治其養曲適 其生不傷 夫是之謂知天 故大巧在所不爲 大智在所不慮 所志於天者 已其見象之可以期者矣 所志於地者 已其見宜之可以息者矣 所志於四時者 已其見數之可以事者矣 所志於陰陽者 已其見和之可以治者矣 官人守天而自爲守道也.

43) 「天論」, 好惡喜怒哀樂.

44) 「正名」, 凡語治而待去欲者 無以道欲而困於有欲者也 凡語治而待寡欲者 無以節欲而困於多欲者也. 有欲無欲 異類也 生死也 非治亂也 欲之多寡 異類也 情之數也 非治亂也.

45) 이에 대하여 최영찬(2012, p. 360)은 자연과 인위의 구분이라고 말한다. "순자는 하늘과 인간을 철저하게 구분한 다음 그것에 기초하여 인간 속에서 자연적인 요소와 인위적인 요소를 구별한다." 그 외『순자』의 천인분

리(天人分離)에 관해서는 이승률(2011, p. 293) 참조.

46)「正名」, 欲不待可得 而求者從所可 欲不待可得 所受乎天也 求者從所
可 所受乎心也 所受乎天之一欲 制於所受乎心之多 固難類所受乎天也.

47) 강지연(2010, p. 17)은 "자기 자신이 허가하(可)는 것을 하는 존재"라고 해
석하여, 현실적 가능성의 탐색 문제가 아니라 '승인의 문제'로 보았다. 이
외에도 강지연은 순자의 감정론에 관한 다수의 연구를 발표하였는데, 주
로 곽점 죽간본(郭店 竹簡本)의 성자명출(性自命出)을 중심으로 한 계보학적
연구로, 본 연구의 방향과는 거리가 있어 인용하지 않는다.

48) 정재상(2016, p. 15~17)은 "예의(禮義)에 들어맞는 정(情)"을 '당위적 정'이라
고 부르고 이를 '자연적 정'과 구분함으로써 욕망에 대응하는 감정이 일
대일의 기계적 대응이 아님을 보였다.

49) 이에 대하여 류희성(2000, p. 266~271)은 본성을 교화의 대상으로 보고,
마음을 '천관(天官)의 마음', 즉 다스림을 받는 마음과 '천군(天君)의 마음',
다스리는 마음으로 구분한다.

50) 김학주 옮김, 2003, p. 648.
「正名」, 心之所可中理 則欲雖多 奚傷於治 欲不及而動過之 心使之也 心
之所可失理 則欲雖寡 奚止於亂 故治亂在於心之所可.

51)「正名」, 性者 天之就也 情者 性之質也 欲者 情之應也 以所欲爲可得而
求之 情之所必不免也 以爲可而道之 知所必出也.

52)「正名」, 欲雖不可盡 可以近盡也 欲雖不可去 求可節也 所欲雖不可盡
求者猶近盡 欲雖不可去 所求不得 慮者欲節求也.

53) 心의 기능 중 慮에 관하여 김동수, 2012, p. 51.

54) 「正名」, 道者 進則近盡 退則節求 天下莫之若也.

55) 그 외에 예를 들면 아래와 같다.

「修身」, "기를 다스리고 삶을 부양한다(治氣養生)."

「儒效」, "풍속을 따름을 선이라 여기고 재화를 보물이라 여기고 삶을 부양
함으로 자신을 위하는 것을 지극한 방법이라 여기는 것은 백성의 자질이
다(以從俗爲善 以貨財爲寶 以養生爲己至道 是民德也)."

56) 정우진(2012, p. 200~205)은 『순자』를 비롯하여 『맹자』, 『관자』에서 양생
을 양심(養心)의 관점에서 분석하였다. 그는 예를 욕망을 부양하기 위한
제도가 아니라 욕망을 제어하기 위한 제도로 해석하여, "욕망을 제어함으
로써 장수를 얻을 수 있다고 하는 부정적인 조건"인 예(禮) 중심의 양생
론을 비판하고 성(誠) 중심의 양생론을 주장한다.

57) 정우진은 "순자에 있어서는 예의를 따르는 행동이 양생의 방법이라고
되어 있다"(같은 논문 p. 200~201)는 시바타(柴田淸繼)의 관점을 인정하면서
도 "양생에 이르는 수단으로서의 예의는 참으로 낯설다"고 덧붙인다. 필
자가 2013년에 발표한 양생에 관한 두 편의 논문은 바로 "양생에 이르는
수단으로서의 예의"에 관한 연구다. 고은강(2013b, 2013c) 참조.

58) 「榮辱」, 凡人有所一同 飢而欲食 寒而欲煖 勞而欲息 好利而惡害 是人
之所生而有也 是無待而然者也 是禹桀之所同也.

59) 「禮論」, 禮起於何也 曰人生而有欲 欲而不得則不能無求 求而無度量
分界則不能不爭 爭則亂 亂則窮 先王惡其亂也 故制禮義以分之 以養人

之欲.

욕망 충족을 위한 禮, 禮의 근간이 되는 分에 관한 논의를 포함하여 欲-分-禮의 구체적인 논리 구조에 대해서는 고은강(2012, p. 115~139) 참조.

60) 「禮論」, 禮者 養也.

61) 예컨대 권영백(1965), 서종호(2004).

62) 정우진, 2012, p. 201.

63) 김상래, 2013, p. 93~117.

64) 노덕빈·이해영, 2008, p. 152.

65) 류희성, 2000, p. 262.

66) 앞의 논문, p. 261~262.

67) 하능허(1988, p. 217)는 법가 인성론의 공통적 특징을 利로 규정한다.

68) 『관자』 및 『상군서』와 『한비자』의 사상적 연관성에 대해서는 황수임·윤무학(2017) 참조.

69) 『관자』 연구에서 중요한 위치를 차지하는 「내업(內業)」, 「심술(心術)」, 「형세(形勢)」, 「백심(白心)」의 네 편을 가리키며, 흔히 '『관자』 사편(四篇)'이라 부른다.

70) 신정근, 2009, p. 240.

71) 아래의 두 인용문은 모두 「심술 상(心術 上)」편에 나오는 구절로, 신정근은 앞의 인용문은 경(經)에, 뒤의 인용문은 해(解)에 속한다고 밝히고 있다. 그에 따르면, 경은 주장을 하는 부분이고 경에 뒤따라 나오는 해는 주장에 대한 해설에 해당한다.

72) 앞의 논문, p. 240.

「心術 上」, 心處其道 九竅循理 嗜欲充益 目不見色 耳不聞聲.

73) 앞의 논문, p. 240.

「心術 上」, 耳目者視聽之官也 心而無與視聽之事 則官得守其分矣 夫心 有欲者 物過而目不見 聲至而耳不聞也.

74)「內業」, 心以藏心 心之中又有心焉.

75) 윤지원, 2012, p. 199.

76) 앞의 논문, p. 203.

77) 같은 원문에 대하여 윤지원의 번역은 다음과 같다. "심이 도에 처하면 아홉 구멍이 이치를 따르지만, 욕심으로 가득 차면 눈은 색을 보지 못하고, 귀는 소리를 듣지 못한다." "눈과 귀는 보고 듣는 기관이다. 심이 보고 듣는 일에 개입하지 않으면 기관마다 각기 그 직분을 지킬 수 있다. 심에 하고자 하는 것이 있는 사람은 사물이 앞에 지나가더라도 눈에 보이지 않고 소리가 들리더라도 귀에 들리지 않는다." 앞의 논문, p. 203.

78) 이은호, 2009, p. 142.

79) 신창호, 2007, p. 14.

80) 이상 장승희의 인용문은 장승희, 2012, p. 1.

81) 윤대식, 2016, p. 56.

82) 앞의 논문, p. 56~57.

83) 심우섭, 1999, p. 248.

84) 앞의 논문, p. 267.

85) 앞의 논문, p. 251~252.

86) 장승구, 2015, p. 154.

87) "상하·귀천·빈부 등 사회적 지위에 따른 행위방식의 차이를 강조함을 알 수 있다. (중략) 예는 사회질서 유지를 위해 중요한 기능을 수행한다."(앞의 논문, p. 166)

88) 언급된 연구 외에도 『관자』의 정치·경제 사상에 초점을 맞춘 연구들은 대개 유사한 논점을 보인다. 김태명(2008), 조원일(2017) 등을 예로 들 수 있다. 조원일은 경제에 초점을 맞추었음에도 불구하고 개인의 이익 추구가 아니라 국가가 부국강병을 위해 "신하와 백성이 이익을 추구하는 것을 막고 그 이익을 도모하는 길을 저지"(조원일, 2017, p. 79)하는 조치들을 강조함으로써 다른 연구들과 논점을 같이하고 있다.

89) 정용미, 2010, p. 479~480.

90) 정용미, 2007, p. 376.

91) 김희정(2003, p. 213)은 "치신은 양생과 표현만 다를 뿐 기본적으로 같은 말"이라고 본다.

92) 앞의 논문, p. 214.

93) 앞의 논문, p. 211.

94) 박현애 외, p. 2011.

95) 박석준·최승훈, p. 1993.

96) 중국사상사에서 몸과 마음의 구분(mind-body dichotomy)은 선진철학의 문헌들에서는 확실하지 않다. 앞서 언급한 신정근의 연구에서도 알 수 있

듯이, 『관자』를 포함해 여러 문헌들에서 心은 흔히 '마음'이라 번역되지만 항상 정신만을 의미하지는 않으므로 문맥에 따라, 연구자의 관점에 따라 다르게 해석되어야 한다.

97) 「禁藏」, 致利除害.

98) 김필수 외 옮김, 2015, p. 548~549.

「禁藏」, 凡人之情 得所欲則樂 逢所惡則憂 此貴賤之所同有也 近之不能 勿欲 遠之不能勿忘 人情皆然而好惡不同 各行所欲 而安危異焉 然後賢不 肖之形見也.

99) 이 지점에서 포퍼의 자유주의에 기반을 둔 공리주의를 떠올릴 수 있다. 최연식·유능한(2007) 참조.

100) 김필수 외 옮김, 2015, p. 549.

「禁藏」, 不作無補之功 不爲無益之事 故意定而不營氣情 氣情不營 則耳目 穀 衣食足 耳目穀 衣食足則侵爭不生 怨怒無有 上下相親 兵刃不用矣.

101) "일반 백성들의 계산은 안전과 이익을 따르고 위험과 궁핍을 피하고 자 한다. 만약 전쟁을 하게 된다면, [전쟁에] 나아가도 적에게 죽고 물러서 도 [전쟁은] 위험이다. 자신의 집안일을 버리고 [전쟁에서] 수고를 다했는데 집안은 곤궁해지고 위에서는 논공행상에 거론되지 않으니 [전쟁은] 궁핍이 다. 궁핍과 위험이 있는 곳을 백성이 어찌 피하지 않을 수 있는가? 이러한 이유로 [백성은 국가가 아닌] 개인의 가문(私門)을 섬겨서 [병역에서] 풀려나고 자 한다. [병역에서] 완전히 풀려나면 전쟁으로부터도 멀어진다. 전쟁으로 부터 멀어지면 안전하다. 뇌물을 써서 담당자에게 줄을 대면 원하는 것을

얻게 된다. 원하는 것을 얻으면 이익이다. 안전과 이익이 있는 곳을 어찌 따르지 않을 수 있는가? 이것이 [국가에 속한] 공민(公民)은 적어지고 [개인의 가문에 속한] 사인(私人)이 많아지는 이유다."

『韓非子』「五蠹」, 民之政計 皆就安利如辟危窮 今爲之攻戰 進則死於敵 退則死於誅 則危矣 棄私家之事而必汗馬之勞 家困而上弗論 則窮矣 窮 危之所在也 民安得勿避 故事私門而完解舍 解舍完則遠戰 遠戰則安 行 貨賂而襲當塗者則求得 求得則私安 私安則利之所在 安得勿就 是以公民 少而私人衆矣.

102) 한승연, 2017, p. 486.

103) 조천수, 2004, p. 226.

104) 이재룡, 2000, p. 232.

105) 조천수, 2004, p. 227.

106) 아래 여섯 구절에 대한 번역은 조원일, 2017, p. 62~63에서 재인용했 다. 다른 연구자의 논문이나 책을 분석할 경우, 원문 번역에서 이미 연구 자의 해석이 시작되므로 분석 대상이 되는 논문이나 저서의 번역을 따르 고 부득이한 경우에만 원문을 직접 번역해야 분석의 일관성을 유지할 수 있다.

107)「定分」, 法令者 民之命也 爲治之本也 所以備民也.

108)「修權」, 法者 君臣之所共操也.

109)「更法」, 法者 所以愛民也.

110)「畫策」, 民本 法也.

111) 「畫策」, 凡人主德行非出人也 知非出人也 勇力非過人也 然民雖有聖知 弗敢我謀 勇力弗敢我殺 雖眾不敢勝其主 雖民至億萬之數 縣重賞而民不 敢爭 行罰而民不敢怨者法也.

112) 「錯法」, 夫聖人之存體性 不可以易人 然而功可得者 法之謂也.

113) 조원일, 2017, p. 65. 조원일의 번역은 "군주가 만약 법을 버리고 백성들이 선하다고 여기는 인애의 도를 사용한다면, 간사한 일이 많아집니다"인데, 여기서는 원문을 직접 번역했다.

「弱民」, 上舍法 任民之所善 故姦多.

114) 「更法」, 論至德者 不和於俗 成大功者 不謀於眾.

115) 「修權」, 國之所以治者三 一曰法 二曰信 三曰權 法者君臣之所共操也 信者君臣之所共立也 權者君之所獨制也.

116) 조원일, 2017, p. 64.

117) 「更法」, 法者 所以愛民也 禮者 所以便事也 是以聖人苟可以强國 不法 其故 苟可以利民 不循其禮.

118) 「更法」, 治世不一道 便國不必法古.

119) 「更法」, 知者作法而愚者制焉 賢者更禮而不肖者拘焉.

120) 『관자』「禁藏」, 夫不法法則治.

곽말약 등의 해석을 따라 "무릇 법을 폐기하지 않으면 다스려진다"고 번역한다. 김필수 외 옮김, 2015, p. 547.

121) 유희성(2006)은 맹자가 양주를 극단적 이기주의자로 지목한 점에 초점을 맞추어, 양주가 이기주의자가 아니라 개인주의자에 가깝다고 주장하

였다. 그러나 김수중(2000)처럼 양주를 '이기주의자'로 해석하는 연구도 여전히 존재한다.

122) 박종철(2014)의 연구는 현재까지의 양주에 대한 연구성과를 정리하고 양주의 윤리관을 '생명주의적 윤리관'이라는 관점에서 설명한다. 이러한 관점은 일찍이 유명종(1976)이 '양주의 생명철학'이라는 제목 아래 양주의 사상을 해석한 관점의 연장선상에 있다.

123) 『열자』 외에 양주의 사상이 담겨 있다고 알려진 문헌들에 대해서는 김도일(2002), 박종철(2014) 참조.

124) 성백효 옮김, 2002, p. 187~190. 본 연구의 근거 자료로 활용한 원문의 번역은 이미 널리 통용되고 있는 번역을 그대로 인용했다. 본 연구는 원문에 기존의 해석과 다른 창의적 해석을 가함으로써 논지를 끌어가기보다는 기존의 해석에 근거하여 논지를 뒷받침하고자 하는 의도에서 기존의 번역과 연구들을 가능한 한 그대로 인용하였다.

『孟子』「滕文公 下」, 聖王 不作 諸侯放恣 處士橫議 楊朱墨翟之言 盈天下 天下之言 不歸楊則歸墨 楊氏 爲我是無君也 墨氏 兼愛 是無父也 無父無 君 是禽獸也 公明儀曰 庖有肥肉 廐有肥馬 民有飢色 野有餓莩 此 率獸 而食人也 楊墨之道不息 孔子之道不著 是 邪說誣民 充塞仁義也 仁義 充塞 則率獸食人 人將相食 吾爲此懼 閑先聖之道 距楊墨 放淫辭 邪說 者不得作 作於其心 害於其事 作於其事 害於其政 聖人復起 不易吾言矣 (중략) 能言距楊墨者 聖人之徒也.

125) 앞의 책, p. 188.

楊朱 但知愛身而不復知有致身之義 故 無君 墨子 愛無差等 而視其至親 無異衆人 故 無父 無父無君 則人道滅絶 是亦禽獸而已.

126) 앞의 책, p. 394.

孟子曰 楊子 取爲我 拔一毛而利天下 不爲也.

127) 앞의 책, p. 394.

墨子 兼愛 摩頂放踵 利天下 爲之.

128) 앞의 책, p. 395.

子莫 執中 執中 爲近之 執中無權 猶執一也 所惡執一者 爲其賊道也 擧 一而廢百也.

129) 다소 산만한『열자』의 다른 편들과 비교하여「양주」편은 양주라는 인 물에 주목했기에 사상에 통일성이 있다는 점이 특징이다(山口義男, 1976, p. 521). 그레이엄은 "「양주」편은 도교적 사고와 언어에 물들지 않았다" (Graham, 1990, p. 137)고 하며「양주」편을『열자』의 다른 편들과 구별하고 있다. 본 연구는『열자』의 다른 편들과 별도로「양주」편만을 연구대상으 로 삼는다. 그러나『열자』의 다른 편들과「양주」편이 사상적으로 단절되 어 있거나 전혀 별개의 사상을 기반으로 하고 있다고 간주하지는 않는다.

130)『장자(莊子)·외편(外篇)』「천지(天地)」편,『여씨춘추(呂氏春秋)·팔람(八覽)』 「장리(長利)」편 등에 등장하는 인물이다. 요(堯)가 천하를 다스릴 때 백성 자고를 제후로 세웠는데, 그 뒤 순(舜)을 거쳐 우(禹)에게 천하가 돌아가자 백성자고는 사퇴하고 농사를 지었다. 이를 두고 "세상 사람들이 그의 고 결한 인격을 칭송하였다(小林信明, 1967, p. 334)"고 한다. 우와 백성자고의

문답에 대하여 박일봉(2000, p. 133)은 "절대적 권력을 쥔 왕 밑에서는 백성자고와 같은 행위가 일신의 안전을 꾀하는 술(術)이기도 하며, 또 후세 인민의 이익에도 기여한다"고 해석하였다.

131) 묵자의 제자(小林信明, 1967, p. 335)

132) 김학주 옮김, 2011, p. 340~341.

원문은 다음과 같다(지면 관계상, 이후 원문 인용은 생략한다).

楊朱曰 伯成子高 不以一毫利物 舍國而隱耕 大禹不以一身自利 一體偏枯 古之人損一毫利天下不與也 悉天下奉一身不取也 人人不損一毫 人人不 利天下 天下治矣 禽子問楊朱曰 去子體之一毛以濟一世 汝爲之乎 楊子 曰 世固非一毛之所濟 禽子曰 假濟 爲之乎 楊子弗應 禽子出語孟孫陽 孟孫陽曰 子不達夫子之心 吾請言之 有侵若肌膚獲萬金者 若爲之乎 曰 爲之 孟孫陽曰 有斷若一節得一國 子爲之乎 禽子黙然有閒 孟孫陽曰 一 毛微於肌膚 肌膚微於一節 省矣 然則積一毛以成肌膚 積肌膚以成一節 一毛固一體萬分中之一物 奈何輕之乎 禽子曰 吾不能所以答子 然則以子 之言問老聃關尹 則子言當矣 以吾言問大禹墨翟 則吾言當矣 孟孫陽因顧 與其徒說他事.

133) 앞의 책, p. 352~353.

134) 자산(子産)은 정나라의 재상이 되어 나라의 정치를 도맡아 처리한 지 삼 년이 되었다. 착한 사람들은 그의 가르침을 따르고 악한 자들은 그가 내린 금하는 법을 두려워하여, 정나라는 잘 다스려지고 제후들은 그를 두려워했다. 그에게는 공손조(公孫朝)라 부르는 형이 있었고, 공손목(公孫

㻌)이라 부르는 아우가 있었다. 공손조는 술을 좋아했고, 공손목은 여자를 좋아했다. (중략) 자산은 밤낮으로 그것을 근심하고 있다가 몰래 등석(鄧析)을 찾아가서 그들에 관한 일을 의논했다. (중략) 자산은 등석의 말을 따라 틈을 내어 그의 형제를 찾아가 그들에게 말했다. "사람이 새나 짐승보다도 귀한 까닭은 지혜와 생각이 있기 때문입니다. 지혜와 생각을 이끌어나가는 것은 예의입니다. 예의를 제대로 지키면 사회적 명성과 지위가 돌아옵니다. 만약 감정이 내키는 대로 움직여서 자기가 좋아하는 일과 바라는 일에 빠져버린다면 곧 본성과 생명이 위태롭게 됩니다. 형님과 아우가 저의 말을 받아들인다면, 아침에 스스로 뉘우치는 대로 저녁이면 벼슬을 받게 될 것입니다." 공손조와 공손목이 말했다. "우리도 그것을 안 지 오래입니다. 그 길을 택한 지도 역시 오래되었습니다. 어찌 당신의 말을 듣고 나서야 그것을 알겠습니까? 무릇 삶이란 타고나기 어려운 것이지만 죽음이란 이르기 쉬운 것입니다. 타고나기 어려운 삶을 살면서 이르기 쉬운 죽음을 기다리는 마당이니 우리 모두가 잘 생각해보는 게 좋을 겁니다. 당신은 예의를 존중함으로써 남에게 뽐내고 감정과 본성으로부터 어긋나게 행동하면서 명예를 추구하려 하고 있습니다. 우리는 그렇게 사는 것은 죽는 것만도 못하다고 생각하고 있습니다. 우리는 일생의 기쁨을 다하고 한창 때의 즐거움을 추구하려는 것입니다. (중략) 밖을 잘 다스리려는 사람은 반드시 밖의 일이나 물건을 제대로 다스리지 못하고 자신만을 더욱 괴롭히게 될 것입니다. 자기 안만을 잘 다스리려는 사람은 반드시 밖의 일이나 물건을 어지럽히지 않으며 타고난 본성을 더욱 편안하게 할 것입니다. 당신의 밖을 다스리는 방법으로는 그것을 한 나라에 잠시 동안 실행케 할 수는 있지만 사람들의 마음에 들어맞도록 할 수는 없을 것입니다. 우리의 안을 다스리는 방법은 그것을 천하에 밀고 나가면 임금과 신하의 도리도 없앨 수 있을 것입니다. 우리는 언제나 이 술법을 가지고 당신을 깨우치려고 했는데 반대로 당신이 그러한 술법을 가지고 우리를 가르치려 하는군요?" 자산은 멍청하니 그들에게 대답할 바를 몰랐다. 다음날 그 내용을 등석에게 이야기하니 등석이 말했다. "선생께서는 참된 사람들과 사시면서도 알지를 못하고 있었군요. 누가 선생님을 지혜 있는 분이라 말하는가요? 정나라가 다스려진 것은 우연이지 선생님의 공로가 아닙니다."(앞의 책, p. 329~332)

135) 김영식(1997, p. 293)은 『열자』 「양주」편에 나타난 양주의 사상이 "쾌락주의나 위아주의로 흐르게 된 것은 아마도 위진시대의 사람이 양주의 위아주의를 왜곡해 편찬"한 결과로, "원래 양주 사상과는 거리가 멀다"고 주장한다. 본 연구는 연구대상을 『열자』 「양주」편으로 제한하여 양주의 사상을 검토하는 연구이므로 『열자』 「양주」편에서 중요한 위치를 점하는 쾌락주의를 양주의 개인주의와 관련하여 분석한다. 『열자』를 영어로 번역한 그레이엄 역시 쾌락주의를 「양주」편의 특징으로 본다.

136) 정유선(2016, p. 243)은 옮긴이의 말에서 양주의 위아사상을 "명분을 버리고 실리를 추구"하는 사상이라고 밝히고 있다. 본 연구는 좀 더 구체적으로, 위아사상이라 불리는 양주의 개인주의의 성격에는 쾌락 추구도 포함되는데, 이러한 쾌락 추구의 내용이 실(實)이라 분석한다. 또한 실은 정

유선의 번역인 '실리'보다는 '실질'에 가깝다.

137) 김학주 옮김, 2011, p. 315.

138) 앞의 책, p. 317~318.

139) 앞의 책, p. 321.

140) 앞의 책, p. 331.

141) 앞의 책, p. 325.

142) 앞의 책, p. 323.

143) 양주는 쾌락의 추구를 억제하는 상황을 다음과 같이 비판한다. "형벌과 상에 의해 금해지기도 하고 권장되기도 하며, 명예와 법에 의해 나아가게도 되고 물러나게도 되어, 황망히 한때의 헛된 영예를 다투면서 죽은 뒤에 남는 영광을 위해 우물쭈물 귀와 눈으로 듣고 보는 것을 삼가고, 자기 자신의 뜻에 따라 옳고 그른 생각을 애석히 여겨 공연히 좋은 시절의 지극한 즐거움을 잃으면서 한시도 자기 마음대로 행동하지 못한다. 형틀에 매여 있는 중죄수와 무엇이 다른가?"(앞의 책, p. 317)

144) 단목숙(端木叔)을 이해하지 못하는 위나라 사람을 단간생(段干生)의 입을 빌려 비판했다. "위나라의 공부한 사람들은 대부분이 예교로써 자신의 몸가짐을 지탱하고 있으니, 본시 이 사람의 마음을 이해할 수 없는 것이다."(앞의 책, p. 336)

145) 운과 평등에 관한 이 둘의 견해 차이에 대해서는 박상혁(2011) 참조.

146) 두 인용문 모두 임옥균, 2005, p. 5.

147) 앞의 책, p. 15~17.

148) 「自紀」는 『論衡校釋』, 『新釋漢文大系』 등에서 『논형』의 마지막에 실려 있다.

본 연구에서 『논형』의 해석과 한글 번역은 『論衡校釋』, 『新釋漢文大系』 등을 참고하였으나 특정 해석을 반드시 따르지는 않았다. 원문은 인용문의 번역과 일치하도록 해서 주로 달았다.

149) 원문에는 引導라고 되어 있는데, 어것은 호흡법, 체조 등이 접목된 훈련법으로 현재까지도 도교 전통에 전해온다. 흔히 도인(導引) 혹은 도인술 (導引術)이라 한다.

150) 「自紀」, 養氣自守, 適食則酒, 閉明塞聰, 愛精自保, 適輔服藥引導 庶冀 性命可延, 斯須不老. 旣晚無還, 垂書示後 (중략) 命以不延, 吁嘆悲哉.

151) 사토 규우겡(佐藤匡玄(1981, p. 138~149)은 왕충의 사상을 기계론적 입장의 자연주의라고 부르며, 이를 하늘의 주재자적·인격신적 속성을 부정하는 왕충 사상의 당연한 귀결로 본다.

152) 이문규, 1993.

153) 다음의 네 인용문은 신정근(2007)에서 인용했다. 순서대로 p. 307, p. 317, p. 318, p. 304.

154) "사람은 목적이 빠진 기의 운동 앞에 스스로 자신의 어떠한 좌표를 설정하지 못하게 되었다. 기의 운동은 시시각각으로 나에게 육박해오고 나는 그 운동이 진행될 수레바퀴 아래에 그냥 내맡겨져 있는 상태에 있다. 왕충은 인간의 이러한 실존을 逢·遇·幸·偶라는 용어를 사용하여 갑작스럽게 만남/부닥침으로 표현하고 있다."(신정근, 2007, p. 318)

155) 박정윤, 2007, p. 18.

156)「逢遇」, 仕宦有時 不可求也 夫希世准主 尚不可爲 況節高志妙 不爲利
動 性定質成 不爲主顧者乎 且夫遇也 能不預設 說不宿具 邂逅逢喜 遭
觸上意 故謂之遇 如准推主調說 以取尊貴 是名爲揣 不名曰遇 春種穀生
秋刈穀收 求物得物 作事事成 不名爲遇 不求自至 不作自成 是名爲遇.

157)「累害」, 凡人仕宦有稽留不進 行節有毀傷不全 罪過有累積不除 聲名有
闇昧不明 才非下 行非悖也 又知非昏 策非昧也 逢遭外禍 累害之也 非
唯人行 凡物皆然 生動之類 咸被累害 累害自外 不由其內 夫不本累害所
從生起 而徒歸責於被累害者 智不明 闇塞於理者也.

158)「命義」, 人有命 有祿 有遭遇 有幸偶 命者 貧富貴賤也 祿者 盛衰興廢
也 以命當富貴 遭當盛之祿 常安不危 以命當貧賤 遇當衰之祿 則禍殃乃
至 常苦不樂 遭者 遭逢非常之變 (중략) 幸者 謂所遭觸得善惡也 (중략) 偶
也 謂事君也 以道事君 君善其言 遂用其身 偶也 行與主乖 退而遠 不偶
也 (중략) 故人之在世 有吉凶之性命 有盛衰之禍福 重以遭遇幸偶之逢 獲
從生死而卒其善惡之行 得其胸中之志 希矣.

159)「봉우」편에서는 췌(揣)라 하여 우(遇)와 구별했다.

160)『논형』의 맥락에서 하늘은 자연을 대표한다. 사람은 자연으로부터 최
초의 기를 받아서 태어난다.

161)「無刑」, 人稟元氣於天 各受壽夭之命 以立長短之形 猶陶者用土爲簋
廉 冶者用銅爲杅杆矣 冶者用銅爲杅杆矣 器形已成 不可小大 人體已定
不可減增 用氣爲性 性成命定 體氣與形骸相抱 生死與期節相須 形不可

變化 命不可減加.

162) 「無刑」, 且物之變 隨氣 若應政治 有所象爲 非天所欲壽長之故 變易其
形也 又非得神草珍藥食之而變化也 人恒服藥固壽 能增加本性 益其身年
也 遭時變化 非天之正氣 人所受之眞性也 天地不變 日月不易 星辰不沒
正也 人受正氣 故體不變 (중략) 應政爲變 爲政變 非常性也.

163) 「本性」, 可以爲敎, 盡性之理, 則未也.

164) 「초품(初稟)」편에도 유사한 내용이 나오는데, "인생의 性과 命에 해당
하는 부귀라는 것은 애초에 자연의 기로부터 받은 것이다(人生性命當富貴
者, 初稟自然之氣)"라고 되어 있다.

165) 「本性」, 人稟天地之性 懷五常之氣 或仁或義 性術乖也.

166) 「率性」, 性有善惡也 殘則授仁之氣泊 而怒則稟勇渥也 仁泊則戾而少慈
勇渥則猛而無義 而又和氣不足 喜怒失時 計慮輕愚.

167) 『論語』「學而」에서 공자의 성품을 묘사하는 溫良恭儉讓 중에 온량.

168) 「本性」, 實者 人性有善有惡 猶人才有高有下也 高不可下 下不可高 謂
性無善惡 是謂人才無高下也 稟性受命 同一實也 命有貴賤 性有善惡 謂
性無善惡 是謂人命無貴賤也.

169) 「率性」, 論人之性 定有善有惡 其善者 固自善矣 其惡者 故可敎告率勉
使之爲善 凡人君父審觀臣子之性 善則養育勸率 無令近惡 近惡則輔保
禁防 善漸於惡 惡化於善 成爲性行.

170) 이러한 관점은 묵가, 법가에서 공통적으로 찾을 수 있다.

171) 「率性」, 人之性 善可變爲惡 惡可變爲善 猶此類也 蓬生麻間 不扶自直

白紗入緇 不練自黑 彼蓬之性不直 紗之質不黑 麻扶緇染 使之直黑 夫人
之性猶蓬紗也 在所漸染而善惡變矣.

172) 「솔성」편에서는 사람의 성품이 선이나 악으로 점차 바뀌어가는 것을
실을 청색이나 홍색으로 염색하는 일에 비유한다. 일단 청색이나 홍색으
로 염색이 되면 본래의 색과 마찬가지가 되어버린다고 한 후에 다음과 같
이 양주와 묵적을 예로 든다. "그런 까닭에 양자는 갈림길에서 통곡했고
묵자는 염색하는 실을 보고 통곡했다. 상하고 근본으로부터 멀어지면 다
시 변할 수 없다(「率性」, 是故楊子哭歧道 墨子哭練絲也 蓋傷離本 不可復變也)." 양
주는 선악의 갈림길에서 악의 길로, 묵적은 선과 악의 염색에서 악으로
물드는 쪽을 선택했는데, 이는 다시 되돌릴 수 없기에 통곡해도 이미 늦
은 것이다.

173) 중략 부분에서는 命이 없다는 견해와 있다는 견해에 대해 예를 들어
설명한다. 예로 든 내용은 홍수와 전쟁인데 다음과 같다. "정해진 명이 없
다고 하는 것은 역양의 도성이 하룻밤 새 물에 잠겨 호수가 되었으며, 진
나라 장군 백기가 조나라의 항복한 군졸들을 장평에 산 채로 묻어서 한
꺼번에 사십만 명이 죽었다는 말을 들었기 때문이다." 命이 없다는 관점
에서 보면 개인의 命은 각기 다르므로 각기 다른 命을 가진 수만 명이 한
꺼번에 죽는 일은 있을 수 없기에 개인의 죽음은 命으로 정해진 것이 아
니다. 命이 있다는 관점에서 보면 수만 명이 같은 命이기에 그 자리에 모
여 함께 죽은 것이다.

174) 「命義」, 墨家之論 以爲人死無命 儒家之議 以爲人死有命 言有命者 見

子夏言"死生有命 富貴在天"(중략) 萬數之中 必有長命未當死之人 遭時衰
微 兵革並起 不得終其壽 人命有長短 時有盛衰 衰則疾病 被災蒙禍之
驗也 (중략) 故國命勝人命 壽命勝祿命.

175)「命祿」, 世之論事者 以才高者 當爲將相 能下者宜爲農商 見智能之士
官位不至 怪而訾之曰 是必毁於行操 行操之士 亦怪毁之曰 是必乏於才
知 殊不知才知行操雖高 官位富祿有命 才智之人 以吉盛時擧事而福至 人
謂才智明審 凶衰禍來 謂愚闇 不知吉凶之命 盛衰之祿也.

176) 관직을 맡을 만한 자질을 갖춘 사람들 중에도 누구는 관직에 등용되
고 누구는 그러지 못하는 것은 命이 다르기 때문이라는 뜻.

177)「命祿」, 才高行厚 未必可保其必富貴 智寡德薄 未必信其必貧賤 或時
才高行厚 命惡 廢而不進 知寡德薄 命善 興而超踰 故夫臨事知愚 操行
淸濁 性與才也 仕宦貴賤 治産貧富 命與時也 命則不可勉 時則不可力 (중
략) 官御同才 其貴殊命 治生鈞知 其富異祿.

178)「기수」편의 원문은 一曰所當觸値之命과 二曰彊弱壽夭之命이다. 전자
는 몸이 처한 (외부 환경조건의) 명이고, 후자는 몸의 강약과 장수, 요절의
명이다.『論衡校釋』에 따라 외부적 명과 내부적 명으로 해석하였다.

179)『論語』「泰伯」, "나라에 도가 있으면 가난하고 천한 것이 수치다. 나라
에 도가 없다면 부유하고 귀한 것이 수치다(邦有道 貧且賤焉 恥也 邦無道 富
且貴焉 恥也)."

180) "국명은 별무리에 달려 있다. 별자리의 길흉에 나라의 화복이 있으며
별무리의 추이에 사람의 성쇠가 있다."

「命義」, 國命繫於衆星 列宿吉凶 國有禍福 衆星推移 人有盛衰.

181)「命義」, 衆星在天 天有其象 得富貴象則富貴 得貧賤象則貧賤 故曰在
天 在天如何 天有百官 有衆星 天施氣而衆星布精 天所施氣 衆星之氣
在其中矣 人稟氣而生 含氣而長 得貴則貴 得賤則賤 貴或秩有高下 富或
貲有多少 皆星位尊卑小大之所授也 故天有百官 天有衆星 地有萬民 五
帝 三王之精 天有王梁 造父 人亦有之 稟受其氣 故巧於御.

182) 夏殷周.

183)「率性」, 王良 造父稱爲善御 能使不良爲良也 如徒能御良 其不良者不
能馴服 此則駔工庸師服馴 技能 何奇而世稱之 故曰"王良登車 馬不罷
駑 堯 舜爲政 民無狂愚."傳曰"堯 舜之民 可比屋而封 桀 紂之民 可比
屋而誅."斯民也 三代所以直道而行也."聖主之民如彼 惡主之民如此 竟
在化 不在性也.

184) 이승환(1998) 참조.

185) 마르셀 모스(1973)는 '나(moi)'라는 범주에 속한 용어들 중 사회의 일원
으로서 부여받은 지위와 역할에 따라 살아가는 '나'를 사람(personne)이
라 부르고 이러한 사람들 간의 관계를 규정하는 질서가 곧 사회라고 보았
다. 개인(individu)과 사람(personne)을 개념적으로 구분함으로써, 인간은
동서양을 막론하고 사회 속에서 사람으로 살아가는 존재임을 강조하였
다. 모스는 개인보다는 사회에 주목하여, 단지 사회를 연구할 뿐만 아니
라 개선하고자 노력하는 삶을 살았다.

고은강

서울대학교 인류학과를 졸업하고 동 대학원 석사와 성균관대학교 유학과 석사 학위를 받았다. 태동고전연구소를 수료하고 영국 옥스포드대학교 사회문화인류학 석사와 홍콩대학교 철학과 박사 학위(동양철학)를 받았다. 현재 서울과학기술대학교 기초교육학부 부교수로 재직 중이다. 주요 논문으로 「『列子』에서 꿈과 환상에 관한 소고」(2017), 「禮와 비지배의 자유에 관한 일고찰」(2014) 등이 있고, 저서로 『결코 근대인이었던 적이 없는 동아시아인』(2013)이 있다.

선진철학에서
개인주의의
재구성

1판 1쇄 찍음 2020년 4월 25일
1판 1쇄 펴냄 2020년 4월 30일

지은이 고은강
펴낸이 정성원 · 심민규
펴낸곳 도서출판 눌민

출판등록 2013. 2. 28 제25100-2017-000028호
주소 서울시 마포구 월드컵로10길 37, 서진빌딩 401호 (04003)
전화 (02) 332-2486 **팩스** (02) 332-2487
이메일 nulminbooks@gmail.com

ⓒ 고은강 2020

Printed in Seoul, Korea

ISBN 979-11-87750-29-1 93150

이 도서의 국립중앙도서관 출판예정도서목록(CIP)은 서지정보유통지원시스템 홈페이지(http://seoji.nl.go.kr)와 국가자료종합목록시스템(http://www.nl.go.kr/kolisnet)에서 이용하실 수 있습니다. (CIP제어번호: CIP2020015796)